圓覺經

賴永海◆主編
徐　敏◆譯注

前言

《圓覺經》為佛教大乘經典，其思想義理屬佛教如來藏體系，教法以頓教為主，並統攝漸修法門。《圓覺經》宣講佛陀脫離無明煩惱的圓覺理論，注重成就圓覺的具體行法，是華嚴宗、禪宗等宗派盛行講習的經典，對中國佛教產生了廣泛的影響。

一、《圓覺經》書名

《圓覺經》，全稱為「大方廣圓覺修多羅了義經」，此經名具有豐富的內涵。大方廣，又名「大方等」，「方」是義理方正的意思，「廣」是廣大的意思；「大方廣」是各種大乘經的通名，意為佛說方正廣大真理的經文，也指十二部經（經教的十二種分類，即長行、重頌、孤起、譬喻、因緣、自說、本生、本事、未曾有、方廣、論議、授記）中的「方廣部」。「圓」即圓滿，「覺」即菩提；「圓覺」就是圓滿菩提，即指佛果，是對世間一切事理無不徹底了知其事實真相。圓覺為人人本具的

真心，也是萬法的平等真如性。修多羅，為梵語，譯為「經」、「線」，意為貫穿法義，使不散失，所以又譯為「契經」，含有契理、契機的意思，即上契諸佛妙理，下契眾生根機。了義，是說理非常透徹、究竟的意思。

二、《圓覺經》作者

《圓覺經》為唐時佛陀多羅所譯。佛陀多羅，又稱「覺救」，意為「覺悟救世」，生卒年無考，生平事蹟不詳，北天竺罽賓（今喀什米爾一帶）人。《宋高僧傳》稱其「齎多羅夾，誓化脂那」，即攜帶梵文佛經，誓願化度中國。多羅是一種植物，因古印度將佛經寫在多羅樹葉上，所以稱「多羅夾」。佛陀多羅在洛陽白馬寺譯出《大方廣圓覺了義經》，但不知具體是於何年翻譯出來。而《佛祖統記》則稱：唐高宗永徽六年（六五五），罽賓國佛陀多羅，於白馬寺譯《圓覺經》。自古以來，就不斷有人懷疑此經為偽經。太虛大師通過對各種相關記述梳理後認為，此經為最早貞觀（六二七—六四九）、最遲開元之八、九、十年間（七二〇—七二二）所譯。

三、《圓覺經》的內容與結構

《圓覺經》主要是佛為文殊、普賢等十二位菩薩講述如來圓覺的妙理和觀行方法，即依圓照清淨覺相，永斷無明的理論，以及修止、修觀、修禪的方法。在該經中，佛以「圓覺」為總持法門，圓覺

即為妙覺真心，是人人本具的佛性。圓覺妙心本來清淨虛空，超脫了生滅輪迴，但因為無明的緣故，迷執虛妄幻有，無法認知真如自性，所以不得清淨，生起諸煩惱。佛在此經中教導菩薩及眾生，修習圓覺法門，遠離各種緣生幻有，修習止、觀和禪定。

《圓覺經》一卷，不分章節。按照佛經可分為「三分」的方法，該經也可分為序分、正宗分、流通分。序分敘述佛說法的處所，當時佛入於「神通大光明藏」的自性境界，以文殊、普賢等十二位菩薩為上首的十萬大菩薩眾也都安住於此法會，表明了當時佛陀說法時證入的境界和與會法眾。正宗分有十二部分組成，分別是文殊、普賢等十二位菩薩所請問的問題以及佛陀的說法。每部分基本都有諸位菩薩的請問、佛陀的教法，以及最後重宣教義的總結偈言。在最後請問的賢善首菩薩一部分內容的末尾是流通分，敘述金剛、天王、鬼王等誓願護佑持經人。

四、《圓覺經》的版本與注疏

《圓覺經》的版本比較統一，多為唐代宗密流傳版本，但此版本體例不完整。佛在回答最後發問的賢善首菩薩的問題時沒說偈言，與前文體例不一致。日本學者松本文識發現了一宋本《圓覺經》下卷，找到了經中脫落文字，內容為「爾時世尊，欲重宣此義，而說偈言：賢善首當知，是經諸佛說。如來等護持，十二部眼目。名為大方廣，圓覺陀羅尼，顯如來境界。依此修行者，增進至佛地。如海納百川，飲者皆充滿。假使施七寶，積滿三千界，不如聞此經。若化河沙眾，皆得阿羅漢，不如聞半

偈。汝等於來世，護是宣持者，無令生退屈。」至此，從體例上來看，經文已近完備。

《圓覺經》的注疏較多，在宗密之前，此經的注疏已有四家，即唐京報國寺惟慤《疏》一卷、先天寺悟實《疏》二卷、薦福寺堅志《疏》四卷、北都藏海寺道詮《疏》三卷。自宗密《圓覺經大疏》、《圓覺經大疏鈔科》、《圓覺經略鈔》等出後，以上各疏即均佚失無傳。另外，其他注疏作品有：宋觀復撰《圓覺經鈔辨疑誤》二卷，宋清遠的《圓覺疏鈔隨文要解》十二卷，宋孝宗的《御註圓覺經》二卷，宋行霆的《圓覺經類解》八卷，宋如山的《圓覺經略疏序注》一卷，宋智聰的《圓覺心鏡》六卷，宋元粹的《圓覺經集註》二卷。宋周琪的《圓覺經夾頌集解講義》十二卷，明德清的《圓覺經直解》二卷，明通潤的《圓覺經近釋》六卷，明寂正的《圓覺經要解》二卷，清淨挺的《圓覺經連珠》一卷，明焦竑纂《圓覺經精解評林》卷上，清弘麗的《圓覺經句釋正白》六卷，清通理的《圓覺經析義疏》四卷。近有太虛大師的《圓覺經略釋》等。

本書以通行的《圓覺經》為底本，同時參考太虛大師的《圓覺經略釋》，以保證譯注得準確完備。各章節都分為原文、譯文和注釋等部分，各部分交相呼應。章節前置有題解，便於讀者了解該章節全文大意。限於個人學識，其中難免有謬誤之處，還望讀者批評指正。

目次

序分

此為本經的「序分」部分，表明當時佛說法時證入的境界，以及參與法會的大眾，並強調經中所載法門確實為佛陀所說，內容真實可信。

如是我聞❶。一時，婆伽婆❷，入於神通大光明藏❸，三昧正受❹，一切如來光嚴住持❺，是諸眾生清淨覺地❻。身心寂滅❼，平等本際❽，圓滿十方❾，不二隨順❿，於不二境，現諸淨土⓫。

【譯文】

我聽佛這樣說的。那時，佛得入神通大光明藏，心念大定，一切佛都久住此光明莊嚴境界，這也是所有眾生能夠真正清淨覺悟的本性境界。身心無生無滅，寂靜無為，涅槃平等，遍足十方，超越了分別，隨順迎合了涅槃正道。在這個境界中，可以顯現出佛國淨土。

【注釋】

❶如是我聞：即我聞如是，意為我聽到佛這樣說。如是，指這部經文。我，阿難自稱。聞，從佛陀處親聞。此語出於佛涅槃前。當時，以「多聞第一」著稱的阿難問佛：「一切經首置何字？」佛回答：「一切經首置『如是我聞』等言。」

❷婆伽婆：梵語音譯。也稱「婆伽梵」、「薄伽梵」，意譯為「世尊」，為佛的尊號。有自在、熾盛、端嚴、名稱、吉祥、尊貴六種含義。

❸神通大光明藏：即指佛說法的處所，不是指具體的外在場所，而是指自性境界。神，則莫測通，則無礙。大光明，即智慧。藏，即一切法所依之平等真如法性體。

❹三昧：梵語。又譯「三摩地」，意譯為「定」或「正定」。即摒除雜念，心不散亂，專注於一境。正受：是與「三昧」相應的禪定。

❺光嚴：光明莊嚴。住持：久住護持佛法。

❻清淨覺地：正覺的境界。因正覺之體離染污，故稱「清淨」。

❼寂滅：即指涅槃，是沒有煩惱和生死的境界。

❽本際：根本究竟的邊際，即絕對平等的理體。此指涅槃而言。

❾圓滿：周遍充足，無所缺減。

❿不二：又作「無二」、「離兩邊」，指對一切現象應無分別，或超越各種區別。隨順：隨從他人之意而不拂逆。

⓫淨土：指佛所居的處所，全稱「清淨土」、「清淨國土」、「清淨佛剎」，又作「淨剎」、「淨世界」、「佛國」。與此相對，世俗眾生居住之所，有煩惱污穢，故稱「穢土」、「穢國」。

與大菩薩摩訶薩十萬人俱❶。其名曰文殊師利菩薩❷，普賢菩薩❸，普眼菩薩❹，金剛藏菩薩❺，彌勒菩薩❻，清淨慧菩薩❼，威德自在菩薩❽，辯音菩薩❾，淨諸業障菩薩❿，普覺菩薩⓫，圓覺菩薩⓬，賢善首菩薩等而為上首⓭，與諸眷屬皆入三昧⓮，同住如來平等法會⓯。

【譯文】

佛陀當時與十萬大菩薩在一起。名為文殊師利菩薩、普賢菩薩、普眼菩薩、金剛藏菩薩、彌勒菩薩、清淨慧菩薩、威德自在菩薩、辯音菩薩、淨諸業障菩薩、普覺菩薩、圓覺菩薩、賢善首菩薩的十二大士坐在上席，並率各自眷屬一起入於心定安住的境界，他們和佛一樣安住在此淨土法會。

【注釋】

❶大菩薩摩訶薩：大菩薩即摩訶薩，摩訶薩為梵語音譯，又稱「大有情」、「大眾生」，此大眾生的願大、行大、度眾生大，在世間諸眾生中為最上。

❷文殊師利菩薩：文殊，是「妙」的意思；師利，是「德」或「吉祥」的意思。文殊師利即妙吉祥的意思。該菩薩以大智著稱，與普賢菩薩常侍於釋迦如來左右。

❸普賢菩薩：是具足無量行願、普現於一切佛剎的大乘聖者。

❹普眼菩薩：因其能普觀一切眾生故稱。

❺金剛藏菩薩：此菩薩能以智慧破除愚暗，表現為忿怒的形象，或持金剛杵以伏惡魔，也稱「金剛藏王」。

❻彌勒菩薩：彌勒為梵語音譯，意譯為「慈氏」。依《彌勒上生經》、《彌勒下生經》所載，彌勒出生於婆羅門家庭，後成為佛的弟子，先佛入滅，以菩薩身為天人說法，住於兜率天。據傳此菩

薩因發心不食肉，故名為「慈氏」。

❼清淨慧菩薩：此菩薩得自在，同佛境界，從法而生，故稱「法生」，即從自性清淨之法而生。

❽威德自在菩薩：可畏為威，可愛為德，進退無礙、心離煩惱的繫縛為自在。

❾辯音菩薩：能以聲音作佛事而利益眾生。

❿淨諸業障菩薩：能為眾生除去各自所做種種惡業。

⓫普覺菩薩：能夠普遍地覺悟眾生。

⓬圓覺菩薩：顯示圓滿的靈覺，對世間一切事理，無不徹底了知其事實真相。

⓭賢善首菩薩：賢而行善者，又同前十一位菩薩共居十萬大菩薩眷屬之首，故名「賢善首菩薩」。上首：大眾中之主位，稱為「上首」。或舉其中一人為上首，或舉多人為上首。

⓮眷屬：指親近、順從者。眷為親愛，屬為隸屬。

⓯法會：講說佛法及供佛施僧等所舉行的集會。

一、文殊師利菩薩

本章節為文殊師利菩薩所請教的問題，以及佛陀的回答。主要在於說明佛所觀照的圓覺清淨境界，此境界為修行的根本，認識此境界則能了知萬法的虛空本性，免於產生邪見，墮入生死輪轉。菩薩及眾生發清淨心，證入此境界，能夠斷除無明，獲得正覺。

於是文殊師利菩薩在大眾中，即從座起，頂禮佛足❶，右繞三匝❷，長跪叉手而白佛言❸：「大悲世尊❹，願為此會諸來法眾❺，說於如來本起清淨因地法行❻，及說菩薩於大乘中發清淨心❼，遠離諸病，能使未來末世眾生求大乘者❽，不墮邪見。」

作是語已，五體投地，如是三請，終而復始。

【譯文】

於是文殊師利菩薩在大眾中離座而起，以頂禮禮敬佛足，然後起立右轉，繞佛三圈，又長跪在佛前雙手合掌，對佛稟告道：「大悲世尊，希望您能為來參加本此法會的諸位弟子宣說如來清淨因地法的修持，以及菩薩在大乘修行中怎樣發清淨心，遠離諸種惡業，以使未來末世的眾生在追求大乘教法的過程中，不至於墮於不正確的見解。」

文殊師利菩薩說完後，再次五體投地向佛祖致禮，循環往復，這樣連續請求三次。

【注釋】

❶ 頂禮：印度最上之敬禮。即兩膝、兩肘及頭著地，以頭頂敬禮，承接所禮者雙足。其義與「五體投地」同。

❷ 右繞：即以右向中央之尊像旋繞以表尊敬之意，尊像在行者之右手邊，是表示禮敬的行道方式。

❸ 叉手：印度致敬方式的一種，也稱「合十」、「合掌」。

❹ 世尊：佛的尊號，即為世間所尊重者之意，也指世界中最尊者。

❺ 法眾：即歸順於佛法之眾，為出家眾的總稱。

❻ 因地：為「果地」的對稱。地，即位地、階位之意。指修行佛道之階位，也即指由因行至證果間的階位。

❼清淨心：無疑的信心，沒有污染和煩惱的淨心。

❽末世：釋迦牟尼入滅後五百年為正法時，次一千年為像法時，後萬年為末法時。末世，即末法時。大乘：指能將眾生從煩惱的此岸載至覺悟的彼岸的教法而言，以救世利他為宗旨，最高的果位是佛果。乘是運載之義。大乘、小乘是釋迦牟尼入滅後一段時期，大乘佛教興起後，由於大、小乘對立而起的名詞。一般而言，「小乘」是大乘佛教徒對原始佛教與部派佛教的貶稱。

爾時，世尊告文殊師利菩薩言：「善哉！善哉！善男子❶，汝等乃能為諸菩薩諮詢如來因地法行，及為末世一切眾生求大乘者，得正住持，不墮邪見。汝今諦聽❷，當為汝說。」

時，文殊師利菩薩奉教歡喜，及諸大眾默然而聽。

【譯文】

那時，佛開口對文殊師利菩薩說：「善哉！善哉！善男子，你能為諸位菩薩諮詢如來因地修行法，為末世的一切眾生乞求大乘教法，使他們能得到正確的認識，並在世間保持正確的道法，而不至於墮入不正確的邪見之中。現在你就仔細地聽，我為你演說這一根本大法。」

當時，文殊師利菩薩以能接受佛的教導而心生歡喜，和其他參加法會的大眾安靜地聽佛說法。

【注釋】

❶善男子：佛稱呼信佛的男子為善男子。善，是對信佛、聞法、行善業者的美稱。

❷諦聽：仔細地聽。

「善男子，無上法王有大陀羅尼門❶，名為圓覺。流出一切清淨真如❷，菩提涅槃及波羅蜜❸，教授菩薩。一切如來本起因地，皆依圓照清淨覺相❹，永斷無明❺，方成佛道❻。

【譯文】

「善男子，成了佛的無上法王有個總持的法門叫做圓覺，即圓滿的覺性，人人本具的真心。它能流出一切清淨佛性以及成佛的覺悟，還能流出涅槃寂滅的智慧和由生死此岸到涅槃彼岸的波羅蜜，並依此來宣教訓授菩薩。一切如來發心修行的起點，無不依靠圓滿遍照的清淨覺悟相，這樣才能永遠斷除無明，從而成就佛果。

【注釋】

❶無上法王：如來的尊號。無上，即至高無上，無有過於此者。法王，即眾法之王。陀羅尼：梵語

音譯。意為總持，總是總攝一切法，持是能持無量義，也就是能掌握一切法的總綱領的意思。

❷清淨真如：如來所說涅槃清淨寂滅之理，本無染污，所以稱為「清淨真如」。清淨，是不垢不染之義。真如，事物的真實相狀。真是真實之義；如是如常，不變不改之義。

❸菩提：梵語音譯。意譯為「覺」，是指能覺知法性的智慧，也就是能斷盡煩惱的大智慧，是對佛教真理的覺悟。涅槃：梵語「涅槃那」的音譯。意譯為「滅」、「滅度」、「寂滅」、「不生」、「無為」、「安樂」、「解脫」等。波羅蜜：梵語音譯。又稱「波羅蜜多」，意譯為「到彼岸」，即由生死苦惱的此岸，度到涅槃安樂的彼岸。

❹清淨覺相：正覺的真相，正覺的理體離諸染污，故稱。相，表現於外而又能想像於心的各種事物的相狀。

❺無明：不明白道理，即愚癡的別名。

❻佛道：佛的覺悟，佛所證悟的道法，即無上菩提。

「云何無明？善男子，一切眾生從無始來❶，種種顛倒❷，猶如迷人，四方易處；妄認四大為自身相❸，六塵緣影為自心相❹。譬彼病目，見空中華及第二月❺。善男子，空實無華，病者妄執❻。由妄執故，非唯惑此虛空自性❼，亦復迷彼實華生處，由此妄有輪轉生

死❽，故名無明。善男子，此無明者，非實有體。如夢中人，夢時非無，及至於醒，了無所得。如眾空華，滅於虛空，不可說言有定滅處。何以故？無生處故。一切眾生於無生中，妄見生滅，是故說名輪轉生死。

【譯文】

「什麼是無明呢？善男子，一切眾生從無始以來，就有種種違背正理的顛倒認識，如同迷途的人一樣，分不清東西南北；錯誤地認為地、水、火、風四種元素組合成了自己的身體，認為心識攀緣外部六塵有所思慮而生起的外塵影像為自心的相狀。這如同有眼疾的人看到空中有花，有兩個月亮。善男子，空中實際上並沒有花，只是迷惑者虛妄的執著。因為虛妄執著的緣故，不但迷惑了本空無相的真如自性，還迷惑地以為有實在的花及其生處，正因為錯誤地認為有實有，也就有了生死輪迴，這就是無明。善男子，這個無明沒有實在體性。就如做夢的人一樣，夢中的境界並非沒有，等到夢醒的時候卻空無一物。又如空中的花消失在虛空中，不能說有一定的消失之處。為什麼呢？因為它本來就虛幻不實，沒有生處。一切眾生在原本沒有生滅變化之中，迷惑見到生滅，如此就是妄見生死輪迴。

【注釋】

❶無始：沒有開始。諸法都由因緣生，因上有因，如此輾轉推究，一切眾生及諸法的原始，皆不可

得。

❷顛倒：指違背常道、正理。

❸四大：即地、水、火、風，可稱之為四種元素，即構成一切物質的元素。

❹六塵：即色塵、聲塵、香塵、味塵、觸塵、法塵。塵，染污之義，能染污人們清淨的心靈，使真性不能顯發。六塵，又名「六境」，即六根所攀緣的外境。緣影：是心識攀緣外塵有所思慮而生起的外塵影像。

❺空中華：病眼之人見空中有如花一樣的東西浮動，喻指本無實體的境界，由於妄見而起錯覺，以為實有。第二月：眼有疾而誤認為有兩個月亮。

❻妄執：虛妄的執著。執，即把而不離，執著而不捨。

❼虛空：虛與空都是「無」的別名。虛無形質，空無障礙。自性：諸法各自有不變不改之性，稱為「自性」。

❽輪轉：與「輪迴」同義，即眾生從無始以來，輾轉生死於三界六道之中，如車輪一樣的旋轉，沒有脫出之期。

「善男子，如來因地修圓覺者，知是空華，即無輪轉，亦無身心受彼生死。非作故無，

本性無故。彼知覺者❶，猶如虛空。知虛空者❷，即空華相。亦不可說無知覺性。有無俱遣，是則名為淨覺隨順。

「何以故？虛空性故，常不動故，如來藏中無起滅故❸，無知見故❹。如法界性❺，究竟圓滿遍十方故。是則名為因地法行。菩薩因此於大乘中，發清淨心。末世眾生依此修行，不墮邪見。」

【譯文】

「善男子，一切諸佛發願開始修圓覺法門，知道一切都是虛空中的花，就知道沒有所謂的輪轉生死，也沒有承受生死的身心。不是因為經過造作或修行而成為無，而是因為本性空無的原因。知道一切都是空花的覺是虛空的。了知覺相如空的心，也是空花般的相狀。既然是心證知空花相，也就不可說沒有知覺的心。對知覺心的有與無都放下不執著，就能隨順證入清淨圓滿覺悟。

「為什麼呢？因為覺悟的清淨心是虛空的，性體不動；如來藏中沒有獨立的法生滅，自然也就沒有知見。此法界性究竟圓滿，普遍十方。這些就被稱為『因地法行』。菩薩因此在大乘法門中，發起清淨心。末世眾生依照此法修行，就不會墮於不正確的偏見裡。」

【注釋】

❶知覺者：即前面「知是空華」的覺。

❷知虛空者：指了知覺相如空的心。

❸如來藏：指於一切眾生的煩惱身中，所隱藏的本來清淨的如來法身。通常把它看作是佛性的異名。

❹知見：知識和見解。就意識云「知」，就眼識曰「見」。

❺法界性：單名「法界」，又稱「法性」，合稱「法界性」。即指諸法的本體、本性。在有情方面，叫做「佛性」；在無情方面，叫做「法性」。

爾時，世尊欲重宣此義而說偈言：

文殊汝當知，一切諸如來，

從於本因地，皆以智慧覺，了達於無明。

知彼如空華，即能免流轉，

又如夢中人，醒時不可得。

覺者如虛空，平等不動轉，

覺遍十方界，即得成佛道。
眾幻滅無處，成道亦無得，本性圓滿故。
菩薩於此中，能發菩提心。
末世諸眾生，修此免邪見。

【譯文】

這時，世尊為了重新闡述這個道理，於是說偈語：

文殊汝當知，一切諸如來，
從於本因地，皆以智慧覺，了達於無明。
知彼如空華，即能免流轉，
又如夢中人，醒時不可得。
覺者如虛空，平等不動轉，
覺遍十方界，即得成佛道。
眾幻滅無處，成道亦無得，本性圓滿故。
菩薩於此中，能發菩提心。
末世諸眾生，修此免邪見。

二、普賢菩薩

本章節為普賢菩薩所請教的問題，以及佛陀的回答。主要說明聽聞圓覺清淨境界後，證入此等境界的修行方法，即修習「如幻三昧」，也就是了知身心一切都是幻化的道理，進而遠離諸種幻化現象。

於是普賢菩薩在大眾中，即從座起，頂禮佛足，右繞三匝，長跪叉手而白佛言：「大悲世尊，願為此會諸菩薩眾，及為末世一切眾生修大乘者，聞此圓覺清淨境界，云何修行❶？世尊，若彼眾生知如幻者，身心亦幻，云何以幻還修於幻？若諸幻性一切盡滅，則無有心，誰為修行？云何復說修行如幻？若諸眾生本不修行，於生死中常居幻化，曾不了知如幻境

界，令妄想心云何解脫？願為末世一切眾生，作何方便❷，漸次修習❸，令諸眾生永離諸幻。」

作是語已，五體投地，如是三請，終而復始。

【譯文】

於是普賢菩薩在大眾中離座而起，以頂禮禮敬佛足，然後起立右轉，繞佛三圈，又長跪在佛前雙手合掌，對佛稟告道：「大悲世尊，我希望來參加本次法會的菩薩眾，以及在末世修習大乘的一切眾生都聽聞到這個圓覺清淨境界，那又應該如何修行呢？世尊，假如眾生知道一切都是幻而不實的，身心都是幻化的，為什麼還要用幻化的身心來修幻化之行？如果一切幻法都滅盡了，也就沒有心了，那麼誰來修行？為什麼還說修行如幻？如果眾生本來不修行，而在生死幻化中，從來不知道這一切是幻化境界，那又怎樣使妄想心得到解脫？希望佛為末世一切眾生，教授一些方便法門，能夠漸次修習，令諸眾生永離諸幻。」

普賢菩薩說完後，再次五體投地向佛祖致禮，循環往復，這樣連續請求三次。

【注釋】

❶ 修行：實行修正自己的思想行為。

❷ 方便：指為了引導和教化眾生而採用的手段、方法或語言。

❸ 修習：依如來所說之法，精修復習而成道果。

爾時，世尊告普賢菩薩言：「善哉！善哉！善男子，汝等乃能為諸菩薩及末世眾生，修習菩薩如幻三昧❶，方便漸次，令諸眾生得離諸幻。汝今諦聽，當為汝說。」

時，普賢菩薩奉教歡喜，及諸大眾默然而聽。

【譯文】

那是，佛開口對普賢菩薩說：「善哉！善哉！善男子，你能為諸位菩薩以及末世眾生，向佛請求講解修習菩薩如幻三昧的方法，通過方便法門，能夠漸次修習，進而使眾生遠離諸幻。現在你就仔細地聽，我為你解說。」

當時，普賢菩薩以能接受佛的教導而心生歡喜，和其他參加法會的大眾安靜地聽佛說法。

【注釋】

❶ 如幻三昧：達於一切諸法如幻之理的正定。

「善男子，一切眾生種種幻化，皆生如來圓覺妙心❶，猶如空華，從空而有，幻華雖滅，空性不壞。眾生幻心❷，還依幻滅，諸幻盡滅，覺心不動。依幻說覺，亦名為幻。若說有覺，猶未離幻。說無覺者，亦復如是。是故幻滅，名為不動。

【譯文】

「善男子，一切眾生的種種幻化現象，都依如來圓覺真心而生出，就像空花，從空中生出，幻化境界雖然消失，但它的空性並沒有改變。眾生的幻心還必須依於幻化的身心來修行，才能得以消滅，當這些幻化的事物都滅除，覺心並沒有動過。依幻來說覺，便不是真覺，所以也稱為幻。如果說有『覺』，仍未離幻。如果說『無覺』，也是同樣沒有離幻。所以說幻化現象盡滅，但真正的覺心不動。

【注釋】

❶妙心：不可思議的心體，即佛的真心。

❷幻心：心識由緣而生，畢竟無實如幻。

「善男子，一切菩薩及末世眾生，應當遠離一切幻化虛妄境界。由堅執持遠離心故，心如幻者，亦復遠離。遠離為幻，亦復遠離。離遠離幻，亦復遠離。得無所離，即除諸幻。譬如鑽火，兩木相因，火出木盡，灰飛煙滅。以幻修幻，亦復如是。諸幻雖盡，不入斷滅。善男子，知幻即離，不作方便。離幻即覺，亦無漸次。一切菩薩及末世眾生，依此修行，如是乃能永離諸幻。」

【譯文】

「善男子，一切菩薩及末世眾生，應當遠離一切幻化的虛妄境界。因為存有了這種堅持遠離幻境的心，而這種遠離心也是幻，也應當遠離。遠離幻心的心，同樣也是幻，也應當遠離。遠離『遠離幻心』的心，仍是幻，也應當遠離。最後沒有什麼可以遠離的，也就除去了各種幻。譬如鑽木取火，兩根木頭相互摩擦，產生的火把自已都燒盡了。以幻修幻也是這樣。種種幻化雖已滅盡，但還不能進入徹底斷滅。善男子，知道幻化即刻就要遠離，不須用任何權宜方法。離開妄念幻想就是覺悟，沒有漸進的圓覺。一切菩薩以及末世眾生，依照這樣修行，這樣才能永遠遠離種種幻化。」

爾時，世尊欲重宣此義而說偈言：

普賢汝當知，一切諸眾生，
無始幻無明，皆從諸如來，
圓覺心建立，猶如虛空華，
依空而有相，空華若覆滅，
虛空本不動，幻從諸覺生，
幻滅覺圓滿，覺心不動故。
若彼諸菩薩，及末世眾生，
常應遠離幻，諸幻悉皆離。
如木中生火，木盡火還滅。
覺則無漸次，方便亦如是。

【譯文】

這時，世尊為了重新闡述這個道理，於是說偈語：

普賢汝當知，一切諸眾生，
無始幻無明，皆從諸如來，
圓覺心建立，猶如虛空華，

依空而有相，空華若覆滅，
虛空本不動，幻從諸覺生，
幻滅覺圓滿，覺心不動故。
若彼諸菩薩，及末世眾生，
常應遠離幻，諸幻悉皆離。
如木中生火，木盡火還滅。
覺則無漸次，方便亦如是。

三、普眼菩薩

本章節為普眼菩薩所請教的問題，以及佛陀的回答。意在表明修行階次及方便說法。在聞知圓覺境界後，眾生應當先心存正念，止息妄念，遠離幻境和幻心，如此就能成就虛空平等的清淨圓覺。

於是普眼菩薩在大眾中，即從座起，頂禮佛足，右繞三匝，長跪叉手而白佛言：「大悲世尊，願為此會諸菩薩眾，及為末世一切眾生，演說菩薩修行漸次，云何思惟❶？云何住持？眾生未悟，作何方便普令開悟❷？世尊，若彼眾生無正方便及正思惟，聞佛如來說此三昧，心生迷悶，即於圓覺不能悟入。願興慈悲，為我等輩及末世眾生，假說方便。」

作是語已，五體投地，如是三請，終而復始。

【譯文】

於是普眼菩薩在大眾中離座而起，以頂禮禮敬佛足，然後起立右轉，繞佛三圈，又長跪在佛前雙手合掌，對佛稟告道：「大悲世尊，希望您能為來參加本次法會的諸菩薩眾，以及末世修習大乘的一切眾生演說菩薩修行的逐步次序，什麼是思維？如何能夠安住於世而保持佛法？眾生沒有開悟，應用什麼方法使他們普遍開悟？世尊，如果眾生沒有正確的方法和正確的思維，即使聽了佛所說的三昧正定法門，仍會心生迷惑，不能悟入圓滿覺悟的境界。希望佛大發慈悲，為我們以及末世眾生解說方便法門。」

普眼菩薩說完後，再次五體投地向佛祖致禮，循環往復，這樣連續請求三次。

【注釋】

❶ 思惟：思量所對之境而起分別。

❷ 開悟：開智悟理，即開智慧、悟道理。

爾時，世尊告普眼菩薩言：「善哉！善哉！善男子，汝等乃能為諸菩薩及末世眾生，問於如來修行漸次，思惟住持，乃至假說種種方便。汝今諦聽，當為汝說。」

時，普眼菩薩奉教歡喜，及諸大眾默然而聽。

【譯文】

那時，世尊對普眼菩薩說：「善哉！善哉！善男子，你能為諸位菩薩以及末世眾生，向我問及修行的次序，正確的思考，住世保持佛法，以及修行的簡便方法。現在你就仔細地聽，我為你解說。」

當時，普眼菩薩以能接受佛的教導而心生歡喜，和其他參加法會的大眾安靜地聽佛說法。

「善男子，彼新學菩薩及末世眾生，欲求如來淨圓覺心❶，應當正念❷，遠離諸幻。先依如來奢摩他行❸，堅持禁戒❹，安處徒眾，宴坐靜室❺。恆作是念：我今此身，四大和合。所謂髮毛爪齒，皮肉筋骨，髓腦垢色，皆歸於地；唾涕膿血，津液涎沫，痰淚精氣，大小便利，皆歸於水；暖氣歸火，動轉當風。四大各離，今者妄身，當在何處？即知此身，畢竟無體❻，和合為相，實同幻化。四緣假合❼，妄有六根❽。六根四大，中外合成，妄有緣氣，於中積聚，似有緣相❾，假名為心❿。

【譯文】

「善男子，那些剛開始學佛的菩薩和末世眾生，要想求得如來清淨圓滿覺悟心，就應當堅持正確的念想，遠離各種各樣的幻象。先依照佛教授的修定的方法，堅持禁戒，要安置好徒眾，安處靜室。應常有這樣的觀念：我現在的身體是由地、水、火、風四種自然元素緣合而成。所謂頭髮、毛、爪、齒，皮、肉、筋、骨，髓、腦等，以及身體上的污垢，都屬於地元素；我的唾液、鼻涕、膿、血，津液、涎末，痰、淚、精氣，大小便等，都屬於水元素；我的生命中含有的燥熱之氣，屬於火元素；我的生命之所以能夠延續是因為有呼吸的作用，它屬於風元素。四大各有所歸，此身究竟當在何處？即知道身體終究是沒有實體的，它只是地、水、火、風四大元素互相緣和而合成的相狀，實際是一種幻化的相狀。地、水、火、風四大元素互相緣和而合成的身體，又有了眼、耳、鼻、舌、身、意六根。眼、耳、鼻、舌、身、意六根和地、水、火、風四大元素，一個為內，一個為外，內外合成，組成了稱之為『身』的東西。在這個過程中產生了各種習氣，在其中積聚，好像有思慮的相狀出現，於是就有了假名為『心』的這個東西。

【注釋】

❶ 淨圓覺心：淨妙的圓滿覺悟心。

❷ 正念：正確的念頭，念念不忘佛法真理。

❸奢摩他：梵語音譯。意譯為「止」、「寂靜」。「禪定」的另一稱謂。

❹禁戒：禁非戒惡。

❺宴坐：默然靜坐，此指坐禪。

❻無體：無實體。

❼四緣：緣是指一切物事之間生起一種互相交涉的關係，這種關係共有四種，即因緣、等無間緣、所緣緣、增上緣。

❽六根：指眼、耳、鼻、舌、身、意。根為能生長的意思。

❾緣相：攀緣事物而又思慮的心的相狀。

❿假名：假立名字。

「善男子，此虛妄心，若無六塵，則不能有。四大分解，無塵可得，於中緣塵❶，各歸散滅，畢竟無有緣心可見❷。

【譯文】

「善男子，這個虛妄的心，如果沒有色、聲、香、味、觸、法六塵，就不可能存在。如果地、

水、火、風四大分離，就沒有六塵存在，既是所緣之塵各歸散滅，那麼終究也不見有能攀緣事物的心了。

【注釋】

❶ 緣塵：攀緣色、聲等六塵。

❷ 緣心：攀緣事物的心。

「善男子，彼之眾生幻身滅故，幻心亦滅；幻心滅故，幻塵亦滅；幻塵滅故，幻滅亦滅；幻滅滅故，非幻不滅。譬如磨鏡，垢盡明現。善男子，當知身心皆為幻垢，垢相永滅，十方清淨。

【譯文】

「善男子，由於眾生的幻身滅掉了，所以幻心也就滅掉了；幻心一旦滅掉了，幻塵也就滅掉了；因為幻塵滅掉了，所以幻滅也會滅掉了；幻滅被滅掉，那些不是幻的『非幻』，即空的自性卻是不滅的。這好比磨鏡，將鏡子上的污垢全部磨去後，就會再現鏡子明亮的本質。善男子，應當知道身心都

是幻垢，只有把這些幻垢永遠消滅了，才能顯現十方清淨。

「善男子，譬如清淨摩尼寶珠❶，映於五色❷，隨方各現。諸愚癡者，見彼摩尼，實有五色。

【譯文】

「善男子，比如清淨摩尼寶珠，五種顏色映入寶珠，隨著不同方向會映現出不同的顏色。但愚癡的人看到摩尼寶珠所映出的五種顏色，誤以為摩尼寶珠上的顏色是實有的。

【注釋】

❶摩尼寶珠：如意珠。摩尼，梵語音譯。意為珠。

❷五色：青、黃、赤、白、黑，又稱「五正色」。

「善男子，圓覺淨性現於身心，隨類各應。彼愚癡者，說淨圓覺，實有如是身心自相，

亦復如是，由此不能遠於幻化。是故我說身心幻垢，對離幻垢，說名菩薩。垢盡對除，即無對垢及說名者。

【譯文】

「善男子，圓滿覺悟的清淨本性，顯現於身心，隨著眾生的種類應現出不同的身心影像。愚癡的人認為，清淨圓覺心與身心自身的相狀都是實有的，正是因為有了這種認識，才使他不能遠離幻化。因此，我說身心都是幻垢，能夠對治遠離幻垢，才能稱得上是菩薩。幻垢全部除去，即沒有所謂的要對治幻垢這回事了，也就沒有對離幻垢的人。

「善男子，此菩薩及末世眾生，證得諸幻滅影像故，爾時便得無方清淨，無邊虛空，覺所顯發。覺圓明故，顯心清淨。心清淨故，見塵清淨。見清淨故，眼根清淨。根清淨故，眼識清淨。識清淨故，聞塵清淨。聞清淨故，耳根清淨。根清淨故，耳識清淨。識清淨故，覺塵清淨。如是乃至鼻、舌、身、意，亦復如是。

【譯文】

「善男子，菩薩和末世眾生，能夠證得各種虛幻假相都滅絕時，即刻便能得到無限量的清淨，無邊虛空，這都是圓明覺性的顯現。由於覺性圓明，所以心本來是清淨的。由於心是清淨的，所以看到的外境是清淨的。由於所看到的外境是清淨的，所以眼根是清淨的。由於眼根清淨，所以眼識是清淨的。由於眼識是清淨的，所以聽到的聲塵是清淨的。由於所聽到的聲塵是清淨的，所以耳根是清淨的。由於耳根是清淨的，所以耳識是清淨的。由於耳識清淨，所以人的思維覺察也是清淨的。由此類推，以至鼻、舌、身、意的根、塵也都清淨。

「善男子，根清淨故，色塵清淨。色清淨故，聲塵清淨。香、味、觸、法亦復如是。

【譯文】

「善男子，由於根清淨，色塵也就清淨。色塵清淨，聲塵也就清淨。香塵、味塵、觸塵、法塵也都清淨。

「善男子，六塵清淨故，地大清淨。地清淨故，水大清淨。火大、風大亦復如是。

【譯文】

「善男子，由於六塵清淨，地大也就清淨。由於地大清淨，水大也就清淨。由此，火大、風大也都清淨。

「善男子，四大清淨故，十二處、十八界、二十五有清淨❶。彼清淨故，十力、四無所畏、四無礙智、佛十八不共法、三十七助道品清淨❷。如是乃至八萬四千陀羅尼門，一切清淨。

【譯文】

「善男子，由於四大都清淨，十二處、十八界、二十五有也都清淨。由於十二處、十八界、二十五有都清淨，十力、四無所畏、四無礙智、佛十八不共法、三十七助道品也都清淨。由此，乃至八萬四千種法門也都一切清淨。

【注釋】

❶十二處：「六根」加「六塵」，合稱為「十二處」。處，是出生之義。十八界：合眼、耳、鼻、

舌、身、意六根，色、聲、香、味、觸、法六塵，眼識、耳識、鼻識、舌識、身識、意識六識，名為「十八界」。

❷十力：如來所具有的十種智力，即：一、覺處非處智力，即能知一切事物的道理和非道理的智力；二、三世業報智力，即能知一切眾生三世因果業報的智力；三、諸禪解脫三昧智力，即能知各種禪定及解脫三昧等的智力；四、諸根勝劣智力，即能知眾生根性的勝劣與得果大小的智力；五、種種解智力，即能普知眾生種種境界不同的智力；六、種種界智力，即能普知眾生種種境界不同的智力；七、一切至所道智力，即能知一切眾生行道因果的智力；八、天眼無礙智力，即能以天眼見眾生生死及善惡業緣而無障礙的智力；九、宿命無漏智力，即知眾生宿命及知無漏涅槃的智力；十、永斷習氣智力，即於一切妄惑餘氣，永斷不生，能如實知之的智力。四無所畏：也稱「四無畏」。無畏，即教化他人的心沒有懼怕。有佛四無畏與菩薩四無畏兩種。四無礙智：又名「四無礙解」，或「四無礙辯」，即法無礙智、義無礙智、詞無礙智、樂說無礙。法無礙智是通達諸法的名字，分別無滯；義無礙智是了知一切法之理；詞無礙智是通曉各種言語，能隨意演說；樂說無礙是辯說法義，為眾生樂說自在。十八不共法：只限於佛所有的十八種功德法，因為只限於佛，不與三乘共有，所以稱為「不共法」。具體包括：身無失、口無失、念無失、無異想、無不定心、無不知已捨、欲無減、精進無減、念無減、慧無減、解脫無減、解脫知見無減、一切身業隨智慧行、一切口業隨智慧行、一切意業隨智慧行、智慧知過去世無礙、智慧知未來世

無礙、智慧知現在世無礙。三十七助道品：即三十七菩提分法，包括：四念住、四正斷、四神足、五根、五力、七覺支及八聖道支。三世：即過去世、現在世、未來世。

「善男子，一切實相性清淨故，一身清淨。一身清淨故，多身清淨。多身清淨故，如是乃至十方眾生圓覺清淨。

【譯文】

「善男子，一切事物實相真如的體性清淨，所以自身清淨。由於自身是清淨的，所以多身清淨。由於多身是清淨的，乃至十方眾生都是圓覺清淨的。

「善男子，一世界清淨故，多世界清淨。多世界清淨故，如是乃至盡於虛空，圓裹三世，一切平等，清淨不動。

【譯文】

「善男子，由於一個世界清淨，多個世界也就清淨。由於多個世界清淨，如此，乃至充滿無盡虛空，三世圓滿，一切平等，清淨不動。

「善男子，虛空如是平等不動，當知覺性平等不動。四大不動故，當知覺性平等不動。如是乃至八萬四千陀羅尼門平等不動，當知覺性平等不動。

【譯文】

「善男子，由於虛空平等不動，應當知道覺悟的自性平等不動。由於四大不動，應當知道覺性平等不動。如此，乃至八萬四千陀羅尼門平等不動，應當知道覺性平等不動。

「善男子，覺性遍滿，清淨不動，圓無際故，當知六根遍滿法界。根遍滿故，當知六塵遍滿法界。塵遍滿故，當知四大遍滿法界。如是乃至陀羅尼門遍滿法界。

【譯文】

「善男子，由於覺性周遍圓滿、清淨不動、沒有邊際，應當知道六根遍滿法界。由於六根遍滿法界，應當知道六塵遍滿法界。六塵遍滿法界，應當知道四大遍滿法界。由此乃至總持法門遍滿法界。

「善男子，由彼妙覺性遍滿故，根性塵性無壞無雜。根塵無壞故，如是乃至陀羅尼門無壞無雜。如百千燈光照一室，其光遍滿無壞無雜。

【譯文】

「善男子，由於微妙的覺性遍滿法界，六根、六塵的本性沒有壞滅雜亂。由於六根、六塵的本性沒有壞滅雜亂，如此乃至總持法門沒有壞滅雜亂。猶如百千燈光照耀一室，燈光遍滿房間，相互間沒有壞滅雜亂。

「善男子，覺成就故，當知菩薩不與法縛，不求法脫；不厭生死，不愛涅槃；不敬持戒，不憎毀禁；不重久習，不輕初學。何以故？一切覺故。譬如眼光，曉了前境，其光圓

滿，得無憎愛。何以故？光體無二，無憎愛故。

【譯文】

「善男子，成就圓覺妙心，應當知道菩薩不被任何的法束縛，不求從法中解脫；不厭惡生死，不貪愛涅槃；不崇敬持戒的人，不憎惡毀戒的人；不特別尊重久學的人，不輕視初學的人。為什麼呢？因為一切眾生都有圓覺妙心。比如眼光，直接知曉眼前事物，眼光圓滿映照沒有憎愛。為什麼呢？因為光體沒有兩樣，沒有憎恨和貪愛。

「善男子，此菩薩及末世眾生，修習此心得成就者，於此無修亦無成就。圓覺普照，寂滅無二。於中百千萬億阿僧祇不可說恆河沙諸佛世界❶，猶如空華，亂起亂滅，不即不離，無縛無脫，始知眾生本來成佛，生死涅槃猶如昨夢。

【譯文】

「善男子，這些菩薩及末世眾生修習圓覺妙心得到成就者，於圓覺妙心中不見有可修之行，也沒有可成就之果。圓覺妙心普照一切，其體性又寂滅無二。於圓覺心中，無數的諸佛世界，猶如空花，

亂起亂滅，與圓覺心不即不離，沒有束縛，沒有解脫，由此得知，眾生本來是佛，生死、涅槃就像昨日的夢一樣。

【注釋】

❶ 阿僧祇：印度數目之一。又作「阿僧伽」、「阿僧企耶」、「阿僧」、「僧祇」等，意謂無量數或無窮極之數。此詞多用於計量劫數，而計量劫數時，有小阿僧祇劫與大阿僧祇劫兩種。恆河沙：印度恆河中的細沙，以此形容數目極多。

「善男子，如昨夢故，當知生死及與涅槃，無起無滅，無來無去。其所證者，無得無失，無取無捨。其能證者，無作無止，無任無滅。於此證中，無能無所，畢竟無證，亦無證者。一切法性平等不壞。

【譯文】

「善男子，既然如昨日的夢一樣，應當得知生死以及涅槃沒有生起沒有滅謝，沒有來去。所證悟的道果，既無所得也無所失，既無獲得也無捨棄。那些能夠證悟的人，沒有造作什麼也沒有止息什

麼，沒有隨順什麼也沒有滅除什麼。在這種修證中，沒有能證之人也沒有所證之法，終究沒有什麼修證，也沒有進行修證的人。這是因為一切的法性都是平等、永遠不壞滅的。

「善男子，彼諸菩薩如是修行，如是漸次，如是思惟，如是住持，如是方便，如是開悟，求如是法，亦不迷悶。」

【譯文】

「善男子，那些菩薩們應該這樣修行，像這樣循序漸進，像這樣思維，像這樣住持，像這樣運用方便手段，像這樣開悟，追求這樣的法門，才不會感到迷惑。」

爾時，世尊欲重宣此義而說偈言：

普眼汝當知，一切諸眾生，身心皆如幻。
身相屬四大，心性歸六塵。
四大體各離，誰為和合者？

如是漸修行，一切悉清淨。
不動遍法界，無作止任滅，亦無能證者。
一切佛世界，猶如虛空華，
三世悉平等，畢竟無來去。
初發心菩薩，及末世眾生，
欲求入佛道，應如是修習。

【譯文】

當時，世尊為了重新闡述這個真義，於是又說偈語：

普眼汝當知，一切諸眾生，身心皆如幻。
身相屬四大，心性歸六塵。
四大體各離，誰為和合者？
如是漸修行，一切悉清淨。
不動遍法界，無作止任滅，亦無能證者。
一切佛世界，猶如虛空華，
三世悉平等，畢竟無來去。

初發心菩薩，及末世眾生，
欲求入佛道，應如是修習。

四、金剛藏菩薩

本章節為金剛藏菩薩所請教的問題，以及佛陀的回答。通過辨明無明與覺性的關係，揭示圓覺本性平等不壞，表明如要修習圓覺，就應當斷除虛妄分別心，脫離輪迴。

於是金剛藏菩薩在大眾中，即從座起，頂禮佛足，右繞三匝，長跪叉手而白佛言：「大悲世尊，善為一切諸菩薩眾，宣揚如來圓覺清淨大陀羅尼，因地法行，漸次方便，與諸眾生開發蒙昧。在會法眾，承佛慈誨，幻翳朗然，慧目清淨。世尊，若諸眾生本來成佛，何故復有一切無明？若諸無明，眾生本有，何因緣故如來復說本來成佛？十方異生本成佛道❶，後起無明，一切如來何時復生一切煩惱？唯願不捨無遮大慈❷，為諸菩薩開祕密藏❸，及為末

世一切眾生，得聞如是修多羅教了義法門❹，永斷疑悔。」

作是語已，五體投地，如是三請，終而復始。

【譯文】

於是金剛藏菩薩在大眾中離座而起，用最尊貴的禮儀，以頂禮禮敬佛足，然後起立右轉，繞佛三圈，又長跪在佛前雙手合掌，對佛稟告道：「大悲世尊，善於為一切菩薩宣揚如來圓覺清淨最上乘的修行法門，由因地開始依法修行，漸次方便，開發眾生的智慧，令其不再蒙昧。在此法會的出家眾承蒙佛慈悲教誨，如同病眼的翳障已除，慧眼清淨。世尊，如果眾生本來成佛，為什麼又有一切無明？如果眾生本來就有諸種無明，佛又為什麼說眾生本來成佛？假如十方凡夫本來就能成就佛道，後來才生起無明，那麼一切佛又是何時生起的煩惱呢？希望您能不捨棄平等寬容的大慈大悲，為諸菩薩開示秘密法藏，令末世一切眾生得聞此經中的究竟法門，永遠斷除疑慮和懊悔。」

金剛藏菩薩說完後，再次五體投地向佛祖致禮，循環往復，這樣連續請求三次。

【注釋】

❶ 異生：「凡夫」的別名。因凡夫在六道中輪迴，受種種別異的果報而生。佛道：佛所證悟的道法，即無上菩提，無上覺悟。

意思。

❷無遮：沒有遮止限制。

❸祕密藏：祕密的法藏。

❹修多羅：譯為「契經」。契是上契諸佛妙理，下契眾生根機。了義：說理非常透徹究竟的意思。

爾時，世尊告金剛藏菩薩言：「善哉！善哉！善男子，汝等乃能為諸菩薩及末世眾生，問於如來甚深祕密究竟方便，是諸菩薩最上教誨，了義大乘❶，能使十方修學菩薩及諸末世一切眾生，得決定信，永斷疑悔。汝今諦聽，當為汝說。」

時，金剛藏菩薩奉教歡喜，及諸大眾默然而聽。

【譯文】

那時，世尊對金剛藏菩薩說：「善哉！善哉！善男子，你能為諸位菩薩以及末世眾生，問如來深奧隱密的究竟方便法門，此是開示菩薩的最上教誨、最了義的大乘教法，能使十方修學菩薩及所有的末世眾生得到決定的信心，永遠斷除疑慮與懊悔。現在你就仔細地聽，我為你解說。」

當時，金剛藏菩薩以能接受佛的教導而心生歡喜，和其他參加法會的大眾安靜地聽佛說法。

【注釋】

❶大乘：乘，以運載為義，以名教法，即大教。以救世利他為宗旨，最高的果位是佛果。

「善男子，一切世界，始終生滅，前後有無，聚散起止，念念相續，循環往復；種種取捨，皆是輪迴。未出輪迴而辨圓覺，彼圓覺性即同流轉❶。若免輪迴，無有是處。譬如動目，能搖湛水；又如定眼，由迴轉火。雲駛月運，舟行岸移，亦復如是。

【譯文】

「善男子，世間萬物的開始結束、生滅變化，前後有無存在，聚合散滅、開始消止，都是念念相續，循環往復的；種種欣取和厭捨，都是在輪迴中。未能跳出輪迴而想辨明圓覺境界，則其所辨的圓覺性如同虛妄情識一樣仍在輪迴中流轉。如果想就此免除輪迴，則沒有這樣的道理。比如轉動眼目就以為是搖動了清水；又好比長時間瞪眼，就容易看成火是旋轉的。雲飄動而好比是月在運動，舟行駛而好比是岸在移動，都是一樣的道理。

【注釋】

❶流轉：在「六道」之中，流來轉去，不停地生死輪轉。

「善男子，諸旋未息，彼物先住尚不可得，何況輪轉生死垢心曾未清淨，觀佛圓覺而不旋復。是故汝等，便生三惑。

【譯文】

「善男子，種種旋轉沒有停止，若想讓所見事物先停住不動，尚且不可得，更何況輪轉生死的污垢心都還沒有清淨，以此心觀照佛的圓覺性，哪有不旋轉的道理。因此你們就生起三種迷惑。

「善男子，譬如幻翳，妄見空華，幻翳若除，不可說言此翳已滅，何時更起一切諸翳。何以故？翳華二法❶，非相待故❷。亦如空華滅於空時，不可說言虛空何時更起空華。何以故？空本無華，非起滅故。生死涅槃同於起滅，妙覺圓照離於華翳。

【譯文】

「善男子，比如患眼翳的人，妄見空花，如果眼翳去除了，不可說眼病已經滅除，什麼時候再生起種種眼病。為什麼呢？因為眼翳和空花沒有相互待緣的關係。也像空花消失於虛空中時，不可說虛空什麼時候再生出空花。為什麼呢？虛空中原本沒有空花，也就沒有空花生起與消滅。生死、涅槃如同空花的生起和消滅，妙覺圓照與虛幻空花相離相異。

注釋

❶ 翳華：翳為看物不能明見的眼目，華為空中之花。

❷ 相待：相對的意思。

「善男子，當知虛空非是暫有，亦非暫無，況復如來圓覺隨順，而為虛空平等本性。

【譯文】

「善男子，應當知道虛空不是暫時存在也不是暫時不存在，何況如來的圓覺妙心隨順萬法而無礙，是虛空等一切法的平等本性。

「善男子，如銷金礦，金非銷有，既已成金，不重為礦。經無窮時，金性不壞，不應說言本非成就。如來圓覺，亦復如是。

【譯文】

「善男子，如同熔煉金礦，金不是經熔煉才有的，但既然已經煉成金，就不會再變為礦石。金經歷無窮盡的時間，金的本性不變，不應該說它原本不存在。如來的圓覺心性也是同樣道理。

「善男子，一切如來妙圓覺心，本無菩提及與涅槃，亦無成佛及不成佛，無妄輪迴及非輪迴。

【譯文】

「善男子，一切如來的圓覺妙心本來沒有覺悟智慧和涅槃境界，也沒有成佛不成佛，沒有虛妄的輪迴和非輪迴。

「善男子，但諸聲聞所圓境界❶，身心語言皆悉斷滅，終不能至彼之親證所現涅槃，何況能以有思惟心，測度如來圓覺境界。如取螢火，燒須彌山❷，終不能著。以輪迴心，生輪迴見，入於如來大寂滅海，終不能至。是故我說：一切菩薩及末世眾生，先斷無始輪迴根本。

【譯文】

「善男子，那些小乘徒眾所修證的境界，將對身心、語言的執著都斷除了，終究還不能到達他們嚮往的涅槃境界，更何況有思維分別心的人，又怎能測度如來的圓覺境界。這如同以螢火來燃燒須彌山，終究不能點著。同理，以生滅輪迴的心識生起生滅輪迴的知見，要想進入如來圓覺境界，也是終究不能達到的。因此我說：一切菩薩及末世眾生當務之急應先斷除無始輪迴根本的虛妄心。

【注釋】

❶聲聞：聽聞佛說四諦法的音聲而悟道的人。

❷須彌山：又作「蘇迷盧山」、「須彌盧山」、「須彌留山」、「修迷樓山」等，譯為「妙高山」、「好高山」、「善高山」、「妙光山」等，此山是由金、銀、琉璃、水晶四寶所成，所以稱「妙」，其他山不能與它比高，所以稱「高」。原為印度神話中之山名，後佛教沿用之，把它

視為一小世界中央之最高的山，以它為中心，周圍有八山、八水環繞，而形成一個小世界。

「善男子，有作思惟，從有心起，皆是六塵妄想緣氣❶，非實心體，已如空華。用此思惟，辨於佛境，猶如空華復結空果。展轉妄想❷，無有是處。

【譯文】

「善男子，所有造作的思維，都是從妄心生起的，都是由根塵相對所成的經驗習氣，不是真實的圓覺心性，如同虛幻的空花。假如用這樣的思維，推測佛的圓覺境界，就好像虛幻的空花結出空果。這種變幻妄想，沒有一點好處。

【注釋】

❶ 緣氣：又稱「緣影」，見分緣慮外塵而生成外塵影像。

❷ 展轉：即「輾轉」。

「善男子，虛妄浮心，多諸巧見，不能成就圓覺方便。如是分別，非為正問。」

【譯文】

「善男子，虛幻的妄心多生邪見，不能成為成就圓滿妙覺的方便法門。由這種虛妄分別思維提出的問題，不是正確的問題。」

爾時，世尊欲重宣此義而說偈言：

金剛藏當知，如來寂滅性，未曾有始終。
若以輪迴心，思惟即旋復。
但至輪迴際，不能入佛海。
譬如銷金礦，金非銷故有。
雖復本來金，終以銷成就。
一成真金體，不復重為礦。
生死與涅槃，凡夫及諸佛。
同為空華相，思惟猶幻化，何況諸虛妄。

若能了此心，然後求圓覺。

【譯文】

當時，世尊為了重新闡述這個真義，於是說偈語：

金剛藏當知，如來寂滅性，未曾有始終。
若以輪迴心，思惟即旋復。
但至輪迴際，不能入佛海。
譬如銷金礦，金非銷故有。
雖復本來金，終以銷成就。
一成真金體，不復重為礦。
生死與涅槃，凡夫及諸佛。
同為空華相，思惟猶幻化，何況諸虛妄。
若能了此心，然後求圓覺。

五、彌勒菩薩

本章節為彌勒菩薩所請教的問題，以及佛陀的回答。重在辨明愛欲為輪迴的根本，因貪欲而顯五性差別。眾生如能明了佛法真理，斷除理障；明了因緣和合之法，不生執著貪欲，斷除事障，就能證入圓覺境界。

於是彌勒菩薩在大眾中，即從座起，頂禮佛足，右繞三匝，長跪叉手而白佛言：「大悲世尊，廣為菩薩開祕密藏，令諸大眾深悟輪迴，分別邪正，能施末世一切眾生無畏道眼❶，於大涅槃生決定信，無復重隨輪轉境界，起循環見。世尊，若諸菩薩及末世眾生，欲遊如來大寂滅海❷，云何當斷輪迴根本？於諸輪迴有幾種性？修佛菩提幾等差別？迴入塵勞，當設

幾種教化方便度諸眾生？唯願不捨救世大悲，令諸修行一切菩薩及末世眾生，慧目肅清，照耀心鏡，圓悟如來無上知見。」

作是語已，五體投地，如是三請，終而復始。

【譯文】

於是彌勒菩薩在大眾中離座而起，用最尊貴的禮儀，以頂禮禮敬佛足，然後起立右轉，繞佛三圈，又長跪在佛前雙手合掌，對佛稟告道：「大悲世尊，廣為菩薩開示秘密法藏，令所有大眾深刻領悟輪迴，分別邪正，能施予末世一切眾生無所怖畏的道眼，對大涅槃生起堅決的信心，不再隨輪轉境界生起輪轉的循環見。世尊，如果諸位菩薩以及末世眾生，想進入如來圓覺境界，要如何斷除輪迴根本？輪迴有幾種？修佛覺悟有幾等差別？覺悟後重回世間，應當設施幾種教導方法以方便度脫眾生？只希望您不捨棄救世的大慈大悲，令學佛的人、一切菩薩及末世眾生慧眼清淨，認識到心似明鏡，圓滿地覺悟佛最無上的知見。」

彌勒菩薩說完後，再次五體投地向佛祖致禮，循環往復，這樣連續請求三次。

【注釋】

❶ 道眼：能見正道的眼。

❷大寂滅海：即指圓覺。大，廣遍。寂滅，沒有形跡。海，指不可測度之意。

爾時，世尊告彌勒菩薩言：「善哉！善哉！善男子，汝等乃能為諸菩薩及末世眾生，請問如來深奧祕密微妙之義，令諸菩薩潔清慧目，及令一切末世眾生永斷輪迴，心悟實相❶，具無生忍❷。汝今諦聽，當為汝說。」

時，彌勒菩薩奉教歡喜，及諸大眾默然而聽。

【譯文】

那時，世尊對彌勒菩薩說：「善哉！善哉！善男子，你能為諸位菩薩以及末世眾生，請問如來深奧微妙的教義，使菩薩慧目更加清淨，使所有的末世眾生永遠斷除輪迴之苦，心悟真如實相，具有了知諸法無生滅的智慧。現在你就仔細地聽，我為你解說。」

當時，彌勒菩薩以能接受佛的教導而心生歡喜，和其他參加法會的大眾安靜地聽佛說法。

【注釋】

❶實相：又稱「佛性」、「法性」、「真如」、「法身」、「真諦」等，所有相都是虛妄，唯有它

不變不壞，故稱「實相」。

❷無生忍：「無生法忍」的簡稱。無生法是指不生不滅的真如實相理體。真智安住在此理上，不再退墮，叫做「無生法忍」。

「善男子，一切眾生從無始際，由有種種恩愛貪欲，故有輪迴。若諸世界一切種性❶，卵生、胎生、濕生、化生皆因淫欲而正性命❷。當知輪迴，愛為根本。由有諸欲，助發愛性，是故能令生死相續。欲因愛生，命因欲有，眾生愛命，還依欲本。愛欲為因，愛命為果。

【譯文】

「善男子，一切眾生從久遠的過去以來，因為有種種恩愛貪欲，所以有生死輪迴。世界的一切種性的眾生，不論卵生、胎生、濕生、化生都是因為淫欲而有性命。應當知道生死輪迴是以貪愛為其根本。由於有諸種欲求，更助長生發貪愛之性，由此就能令生死相續。貪欲因愛念而生，生命因淫欲而有，眾生貪愛生命，還是以欲求為根本。貪愛欲求為因，貪愛生命為果。

【注釋】

❶種性：各種的根性。

❷濕生：依靠濕氣而受形的生命，如蟲類。化生：無所依託，只憑業力忽然而生的生命，如諸天和地獄及劫初的人類。

「由於欲境，起諸違順❶。境背愛心而生憎嫉，造種種業，是故復生地獄餓鬼。知欲可厭，愛厭業道，捨惡樂善，復現天人。又知諸愛可厭惡故，棄愛樂捨，還滋愛本，便現有為增上善果❷。皆輪迴故，不成聖道。是故眾生欲脫生死，免諸輪迴，先斷貪欲及除愛渴❸。

【譯文】

「由於貪欲境界而生起違境和順境。外境違背貪愛之心就會生起憎惡嫉妒，進而造作種種惡業，所以就會投生到地獄、惡鬼道。知道貪欲應當厭惡，厭惡淫欲與貪愛的業道，於是就捨棄惡業、樂於行善，便會投生在天上、人間。進而當眾生知道貪愛是可厭惡時，棄捨愛樂境界，但仍滋愛自身，於得到有為的增上善果。因未能逃離生死輪迴，所以不能成就聖道。因此眾生如要逃脫生死，免於輪迴，應當先斷除貪欲和愛渴。

【注釋】

❶ 違順：違境和順境。

❷ 增上：增強其向上之勢。

❸ 愛渴：凡夫愛著五欲（色、聲、香、味、觸），就像人渴時愛水一樣。

「善男子，菩薩變化示現世間，非愛為本，但以慈悲令彼捨愛，假諸貪欲而入生死。若諸末世一切眾生，能捨諸欲及除憎愛，永斷輪迴，勤求如來圓覺境界，於清淨心便得開悟。

【譯文】

「善男子，菩薩變化示現在世間，並不是以貪愛為根本，只是以慈悲心令眾生捨離貪愛，假借貪欲的行為因果而進入生死輪迴。如果末世一切眾生能夠捨除各種貪欲和憎愛，永遠斷除輪迴，勤求佛的圓覺境界，在清淨心中就得開悟。

「善男子，一切眾生由本貪欲，發揮無明，顯出五性差別不等❶，依二種障而現深淺。

云何二障？一者理障❷，礙正知見；二者事障❸，續諸生死。

【譯文】

「善男子，一切眾生都是由於貪欲而產生無明，顯出五性的差別不等，並依兩種障而顯現深淺差別。什麼是二障？一是理障，妨礙正知見；二是事障，使生死持續輪轉。

【注釋】

❶五性：即將一切眾生的根機，分為五類。具體是：聲聞、緣覺、菩薩、不定性、無種性。
❷理障：即邪見能礙正知見。
❸事障：即貪、瞋、癡等，能使生死相續，障大涅槃。

「云何五性？善男子，若此二障未得斷滅，名未成佛。若諸眾生永捨貪欲，先除事障，未斷理障，但能悟入聲聞緣覺，未能顯住菩薩境界。

【譯文】

「什麼是五性？善男子，如果未能斷滅這二障，只能名為未成佛。如果眾生能永遠捨離貪欲，先斷除事障，但未能斷除理障，只能悟入聲聞、緣覺二乘，不能證入菩薩境界。

「善男子，若諸末世一切眾生，欲泛如來大圓覺海，先當發願❶，勤斷二障，二障已伏，即能悟入菩薩境界。若事理障已永斷滅，即入如來微妙圓覺，滿足菩提及大涅槃。

【譯文】

「善男子，如果末世一切眾生想進入如來圓覺境界，應當先發起誓願，勤加斷除二障，將二障調伏，就能悟入菩薩境界。如果事障、理障已永遠斷滅，就能進入如來微妙圓覺境界，得到覺悟智慧和涅槃境界。

【注釋】

❶ 發願：立下誓願。

「善男子，一切眾生皆證圓覺，逢善知識❶，依彼所作因地法行，爾時修習，便有頓漸❷。若遇如來無上菩提正修行路，根無大小，皆成佛果。若諸眾生雖求善友，遇邪見者未得正悟，是則名為外道種性❸。邪師過謬，非眾生咎。是名眾生五性差別。

【譯文】

「善男子，一切眾生都能證入圓覺境界，如遇到善知識，依據其所修的法門而修行，便會有頓、漸之分。如果能遇到如來教以無上覺悟智慧的修行方法，不分根器大小，都能成就佛果。如果眾生雖然努力尋求善友，但卻遇見持邪見的人而未能得到正確的覺悟，這就叫做外道種性。這是邪師的過錯謬誤，不是眾生的過失。以上就是眾生五性差別。

【注釋】

❶ 善知識：能教導眾生遠離惡法和修行善法的人。

❷ 頓漸：頓教和漸教。頓教是立刻速成的教法；漸教是逐漸成功的教法。

❸ 外道：在佛教以外立道，或道外之道，稱為「外道」，也即真理以外的邪教。

「善男子，菩薩唯以大悲方便❶，入諸世間，開發未悟，乃至示現種種形相，逆順境界，與其同事，化令成佛，皆依無始清淨願力❷。若諸末世一切眾生，於大圓覺起增上心，當發菩薩清淨大願。應作是言：願我今者住佛圓覺，求善知識，莫值外道及與二乘❸。依願修行，漸斷諸障，障盡願滿，便登解脫清淨法殿，證大圓覺妙莊嚴域。」

【譯文】

「善男子，菩薩只是以大慈大悲的方便法門，示現在世間，開示未悟的眾生，乃至於示現種種形相，逆順境界，與眾生做相同的事，感化並使他們成佛，這都是本於菩薩所發的清淨願力。如果末世一切眾生對於圓覺境界生起增長上進的心念，應當發菩薩一樣的清淨大願。應立下這樣的誓言：願我從今以後常住佛的圓覺修行法門，尋求善知識，不要遇到外道以及聲聞、緣覺二乘。依此願力修行，逐漸斷除種種障礙，障礙全部斷除，誓願圓滿完成，便能獲得清淨解脫，證得圓覺的莊嚴境界。」

【注釋】

❶大悲：偉大的悲心。
❷願力：誓願的力量。
❸二乘：聲聞乘和緣覺乘。凡屬修四諦法門而悟道的人，總稱為「聲聞乘」；凡屬修十二因緣而悟

道的人，總稱為「緣覺乘」。

爾時，世尊欲重宣此義而說偈言：

彌勒汝當知，一切諸眾生，
不得大解脫，皆由貪欲故，墮落於生死。
若能斷憎愛，及與貪瞋癡，
不因差別性，皆得成佛道。
二障永銷滅，求師得正悟。
隨順菩薩願，依止大涅槃。
十方諸菩薩，皆以大悲願，示現入生死。
現在修行者，及末世眾生，
勤斷諸愛見，便歸大圓覺。

【譯文】

當時，世尊為了重新闡述這個真義，於是說偈語：

彌勒汝當知，一切諸眾生，
不得大解脫，皆由貪欲故，墮落於生死。
若能斷憎愛，及與貪瞋癡。
不因差別性，皆得成佛道。
二障永銷滅，求師得正悟。
隨順菩薩願，依止大涅槃。
十方諸菩薩，皆以大悲願，示現入生死。
現在修行者，及末世眾生，
勤斷諸愛見，便歸大圓覺。

六、清淨慧菩薩

本章節為清淨慧菩薩所請教的問題，以及佛陀的回答。說明圓覺自性平等無差，因人修證覺悟的境界不同，所以存在不同的覺性差別。

於是清淨慧菩薩在大眾中，即從座起，頂禮佛足，右繞三匝，長跪叉手而白佛言：「大悲世尊，為我等輩廣說如是不思議事，本所不見，本所不聞。我等今者蒙佛善誘，身心泰然，得大饒益。願為諸來一切法眾，重宣法王圓滿覺性，一切眾生及諸菩薩如來世尊所證所得，云何差別？令末世眾生聞此聖教，隨順開悟，漸次能入。」

作是語已，五體投地，如是三請，終而復始。

【譯文】

於是清淨慧菩薩在大眾中離座而起，用最尊貴的禮儀，以頂禮禮敬佛足，然後起立右轉，繞佛三圈，又長跪在佛前雙手合掌，對佛稟告道：「大悲世尊，為我們廣泛論說不可思議事，本來一向是不得見、不得聞的。我等今天承蒙佛諄諄誘導，身心泰然，得受大益。願您為來參加法會的一切法眾，重新宣說佛的圓滿覺性，一切眾生及菩薩如來世尊所證所得，有什麼差別？使末世眾生聽聞此聖教而隨順開悟，循序漸次進入清淨圓覺境界。」

清淨慧菩薩說完後，再次五體投地向佛祖致禮，循環往復，這樣連續請求三次。

爾時，世尊告清淨慧菩薩言：「善哉！善哉！善男子，汝等乃能為末世眾生，請問如來漸次差別。汝今諦聽，當為汝說。」

時，清淨慧菩薩奉教歡喜，及諸大眾默然而聽。

【譯文】

那時，世尊對清淨慧菩薩說：「善哉！善哉！善男子，你能為末世眾生，問如來漸修次第以及所證所得的差別。現在你就仔細地聽，我為你解說。」

當時，清淨慧菩薩以能接受佛的教導而心生歡喜，和其他參加法會的大眾安靜地聽佛說法。

「善男子，圓覺自性，非性性有，循諸性起，無取無證。於實相中，實無菩薩及諸眾生。何以故？菩薩眾生皆是幻化，幻化滅故，無取證者。譬如眼根，不自見眼，性自平等，無平等者。眾生迷倒，未能除滅一切幻化，於滅未滅妄功用中，便顯差別。若得如來寂滅隨順，實無寂滅及寂滅者。

【譯文】

「善男子，圓滿覺悟的自性，不是前面所說的五種性，因隨緣而起，所以說是『性有』；又隨緣而起不是實有，所以無處取、無所證。在真如實相中，實則沒有菩薩和眾生可言。這是為什麼呢？菩薩和眾生都是幻化的，因為幻化的都將消亡，也就沒有可用以取證的。比如眼睛不能看到自己本身，自性本來平等，不是強制使他們平等的。迷惑顛倒的眾生不能除滅一切幻化，對於一切幻化或除滅，或未能除滅，除滅的功力不等，則便顯有差別。如果隨順寂滅圓覺，平等無待，也就沒有寂滅以及證悟寂滅的人。

「善男子，一切眾生從無始來，由妄想我及愛我者，曾不自知念念生滅，故起憎愛❶，耽著五欲。若遇善友，教令開悟淨圓覺性，發明起滅，即知此生性自勞慮。若復有人勞慮永斷，得法界淨，即彼淨解為自障礙，故於圓覺而不自在。此名凡夫隨順覺性。

【譯文】

「善男子，一切眾生從久遠的過去以來，便妄想有實在的自我和愛我的人，而不知道因為有念念生滅，所以才生起憎愛，沉迷於五欲中。如果能夠遇到好的教友，教導他開悟清淨圓覺本性，明了諸法起滅，則會知道此生空自擔負憂悲苦痛的勞慮。如果有人永遠斷除勞慮，就能得知法界清淨，如果執著於清淨見解又會成為自己的障礙，不能自在證入圓覺境界。這就稱為『凡夫隨順覺性』。

【注釋】

❶憎愛：憎怨愛親。

「善男子，一切菩薩見解為礙，雖斷解礙，猶住見覺，覺礙為礙而不自在。此名菩薩未入地者隨順覺性。

【譯文】

「善男子，一切菩薩知道執著清淨見解是一種障礙，雖然心中斷除了這種障礙，但仍執著於想斷除這種障礙的名相，這種『覺礙』還是一種障礙，而不得自在。這就叫做『菩薩未入地者隨順覺性』。

「善男子，有照有覺，俱名障礙，是故菩薩常覺不住，照與照者同時寂滅。譬如有人自斷其首，首已斷故，無能斷者。則以礙心自滅諸礙，礙已斷滅，無滅礙者。修多羅教，如標月指，若復見月，了知所標畢竟非月。一切如來種種言說開示菩薩，亦復如是。此名菩薩已入地者隨順覺性。

【譯文】

「善男子，如有觀照和覺知都稱為障礙，所以菩薩常洞察萬物而不執著於心，所照之礙與能照之覺同時寂滅。比如有人砍斷自己的頭，頭已經斷了，也就沒有砍斷頭的人了。以斷滅障礙的心去斷滅所有障礙，障礙已經斷滅，那麼也就沒有斷滅障礙的心了。佛的經教如同指示月亮的手指，如果看見了月亮，就知道指示月亮的手指畢竟不是月亮。一切如來用種種言說來開示菩薩也是同樣的道理。這

就叫做『菩薩已入地者隨順覺性』。

「善男子，一切障礙即究竟覺，得念失念無非解脫❶，成法破法皆名涅槃，智慧愚癡通為般若❷，菩薩外道所成就法同是菩提，無明真如無異境界，諸戒定慧及淫怒癡俱是梵行❸，眾生國土同一法性❹，地獄天宮皆為淨土，有性無性齊成佛道，一切煩惱畢竟解脫。法界海慧照了諸相❺，猶如虛空，此名如來隨順覺性。

【譯文】

「善男子，一切障礙即是究竟覺，正念和妄念都是解脫，佛法精進和佛法退失都是涅槃，智慧和愚癡都是般若，菩薩和外道所成就法同是菩提覺悟，無明和真如並非不同的境界，戒、定、慧以及淫、怒、癡都是清淨的行為，眾生和一切有情的住處是同樣的法性，地獄和天宮都是淨土，有佛性的眾生和無佛性的一闡提都能成就佛道，一切煩惱都是解脫。用法界平等智慧觀照各種事相都如同虛空，這就叫做『如來隨順覺性』。

【注釋】

❶解脫：脫離束縛而得自在的意思，即「涅槃」的別名。
❷般若：譯為「智慧」，但這個智慧，不是世間凡夫的聰明智慧，而是如來的圓常大覺。
❸梵行：清淨的行為，即斷絕淫欲的行為。
❹法性：諸法的本體、本性。
❺法界海慧：觀法界平等的大智慧，深廣如海。

「善男子，但諸菩薩及末世眾生，居一切時不起妄念，於諸妄心亦不息滅，住妄想境不加了知，於無了知不辨真實。彼諸眾生聞是法門，信解受持不生驚畏❶，是則名為隨順覺性。

【譯文】

「善男子，菩薩及末世眾生在任何時候不要生起妄念，也不要刻意息滅妄心，聽任耽住妄境不特意去計度分別，雖無計度分別之心，但也不辨別是否真實。那些眾生聽聞了這個法門，能夠確信和了解並能領受修持，而不產生驚畏心理，這就叫做『隨順覺性』。

【注釋】

❶信解：確信和了解。

「善男子，汝等當知，如是眾生已曾供養百千萬億恆河沙諸佛及大菩薩❶，植眾德本，佛說是人名為成就一切種智❷。」

【譯文】

「善男子，你們應當知道，以上所說的眾生已曾供養了像百千萬億恆河沙那樣多的佛及大菩薩，積了很多功德，佛說這樣的人就叫做『成就一切種智』。」

【注釋】

❶供養：奉養的意思。對上含有親近、奉事、尊敬的意思，對下含有同情、憐惜、愛護的意思。

❷一切種智：佛通達諸法總相別相，化道斷惑的智。

爾時，世尊欲重宣此義而說偈言：

清淨慧當知，圓滿菩提性，
無取亦無證，無菩薩眾生。
覺與未覺時，漸次有差別，
眾生為解礙，菩薩未離覺，入地永寂滅。
不住一切相，大覺悉圓滿，名為遍隨順。
末世諸眾生，心不生虛妄，
佛說如是人，現世即菩薩。
供養恆沙佛，功德已圓滿，
雖有多方便，皆名隨順智。

【譯文】

當時，世尊為了重新闡述這個真義，於是說偈語：

清淨慧當知，圓滿菩提性，
無取亦無證，無菩薩眾生。
覺與未覺時，漸次有差別，

眾生為解礙，菩薩未離覺，入地永寂滅。
不住一切相，大覺悉圓滿，名為遍隨順。
末世諸眾生，心不生虛妄，
佛說如是人，現世即菩薩。
供養恆沙佛，功德已圓滿，
雖有多方便，皆名隨順智。

七、威德自在菩薩

本章節為威德自在菩薩所請教的問題，以及佛陀的回答。主要說明證入圓覺的方便修行法門。隨順眾生根性機宜的不同，修行法門有禪定等三種。

於是威德自在菩薩，在大眾中即從座起，頂禮佛足，右繞三匝，長跪叉手而白佛言：「大悲世尊，廣為我等分別如是隨順覺性，令諸菩薩覺心光明。承佛圓音❶，不因修習而得善利。世尊，譬如大城，外有四門，隨方來者非止一路❷，一切菩薩莊嚴佛國及成菩提，非一方便。唯願世尊廣為我等，宣說一切方便漸次，並修行人總有幾種，令此會菩薩及末世眾生求大乘者速得開悟，遊戲如來大寂滅海。」

作是語已，五體投地，如是三請，終而復始。

【譯文】

於是威德自在菩薩在大眾中離座而起，用最尊貴的禮儀，以頂禮禮敬佛足，然後起立右轉，繞佛三圈，又長跪在佛前雙手合掌，對佛稟告道：「大悲世尊，您廣為我們分別開示各種隨順覺性，令菩薩們的本覺妙心發放光明。由於承接了佛的圓音說法，不必修習就能得到善妙利益。世尊，比如一座大城池，城外有四個城門，從任何方向到來的人要進城的話並不局限於從一個方向進入，一切菩薩及莊嚴佛國的眾生要成就覺悟智慧，並不只有一個方便法門。希望世尊廣為我們宣說一切方便法門和修行漸次，以及修行人共有幾種，使參加這個法會的菩薩以及末世眾生中追求大乘佛法的人迅速領悟圓覺，無所障礙地悟入清淨覺悟境界。」

威德自在菩薩說完後，再次五體投地向佛祖致禮，循環往復，這樣連續請求三次。

【注釋】

❶ 圓音：圓妙的聲音，即佛的聲音。

❷ 隨方：不拘何方，任何方面。

爾時，世尊告威德自在菩薩言：「善哉！善哉！善男子，汝等乃能為諸菩薩及末世眾生，問於如來如是方便。汝今諦聽，當為汝說。」

時，威德自在菩薩奉教歡喜，及諸大眾默然而聽。

【譯文】

那時，世尊對威德自在菩薩說：「善哉！善哉！善男子，你能為諸菩薩及末世眾生，問如來修行的方便法門。現在你就仔細地聽，我為你解說。」

當時，威德自在菩薩以能接受佛的教導而心生歡喜，和其他參加法會的大眾安靜地聽佛說法。

「善男子，無上妙覺遍諸十方❶，出生如來與一切法，同體平等。於諸修行實無有二，方便隨順，其數無量。圓攝所歸，循性差別，當有三種。

【譯文】

「善男子，至高無上的圓滿妙覺遍滿十方，能生出佛及一切萬法，而這些都具有同一個本體，相互平等。各種修行本質上沒有區別，如果隨順眾生根性機宜的不同，則修行方法多得無法計量。圓覺

修法按眾生根性的差別而歸納的話，應當有三種。

【注釋】

❶無上妙覺：指如來的覺悟。因其至高無上，所以稱「無上」；因其不可思議，所以稱「妙」。

「善男子，若諸菩薩悟淨圓覺，以淨覺心，取靜為行，由澄諸念，覺識煩動。靜慧發生❶，身心客塵從此永滅❷，便能內發寂靜輕安❸。由寂靜故，十方世界諸如來心，於中顯現，如鏡中像。此方便者，名奢摩他。

【譯文】

「善男子，如果菩薩們能夠體悟清淨圓覺，就取淨覺心上的寂靜為觀行之本，從澄清一切妄念入手，便會覺知識心上有煩動。這樣就能引得靜慧發生，身心煩惱從此永遠斷滅，由此內心便能生發寂靜，感覺輕鬆安詳。由於自心寂靜的緣故，十方世界的如來覺心都能在其中顯現，就如同鏡中的影像。這種方便法門，叫做『奢摩他』。

【注釋】

❶靜慧：安靜的智慧，即空慧。

❷客塵：常用來形容煩惱，或稱「客塵煩惱」。

❸輕安：是一種在禪定中感到身心輕鬆安詳的狀態。

「善男子，若諸菩薩悟淨圓覺，以淨覺心，知覺心性及與根塵皆因幻化❶，即起諸幻以除幻者，變化諸幻而開幻眾。由起幻故，便能內發大悲輕安。一切菩薩從此起行❷，漸次增進。彼觀幻者，非同幻故，非同幻觀，皆是幻故。幻相永離，是諸菩薩所圓妙行，如土長苗。此方便者，名三摩鉢提❸。

【譯文】

「善男子，如果菩薩們能夠體悟清淨圓覺，以清淨覺心了知分別心以及六根、六塵都是因為幻化而有的，於是生起如幻的智慧以去除如幻的無明，或者變化出種種如幻的法門開導如幻眾生。由於生起虛幻以及虛幻智慧的緣故，內心便會生發大慈悲，感覺輕鬆安詳。一切菩薩從此修行往生，漸次增進。他們觀照幻化的幻慧與各種幻化事物不同，與諸幻不同的幻觀也是幻化。漸漸斷離幻相，才是菩

薩們所追求的圓滿行法，如同土裡逐漸長出苗芽。這種方便法門，叫做『三摩缽提』。

【注釋】

❶根塵：六根和六塵。六根是眼、耳、鼻、舌、身、意；六塵是色、聲、香、味、觸、法。

❷起行：往生之行。

❸三摩缽提：等持。昏沉、掉舉皆離是等，令心專注一境是持。其中「昏沉」意為神識昏鈍。「掉舉」意為一種令心高舉而不得安寧的煩惱。

「善男子，若諸菩薩悟淨圓覺，以淨覺心，不取幻化及諸靜相，了知身心皆為掛礙，無知覺明，不依諸礙，永得超過礙無礙境。受用世界及與身心，相在塵域，如器中鍠❶，聲出於外。煩惱涅槃不相留礙，便能內發寂滅輕安。妙覺隨順寂滅境界，自他身心所不能及，眾生壽命皆為浮想。此方便者，名為禪那❷。

【譯文】

「善男子，如果菩薩們能夠體悟清淨圓覺，以清淨覺心為本，不執取幻化以及寂靜相，了知身

心都是障礙，沒有妄想分別的光明覺性，不依隨各種障礙，永遠超越有障礙和沒有障礙的境地。所受用的外部世界和自己身心雖都在外塵煩惱中，但卻像器物中的鐘鼓聲，聲音可以溢出於外。煩惱和涅槃都不能滯礙圓覺心，於是內心便能生發寂靜，感覺輕鬆安詳。圓覺妙心能與寂滅境界相契合，而非執泥於自身他身、自心他心者所能比及的，因為眾生壽命都是虛幻浮想。這種方便法門，叫做『禪那』。

【注釋】

❶ 鍠：鐘鼓聲。

❷ 禪那：譯為「禪定」、「靜慮」、「思惟修」等，即住心一境以靜息念慮和思維真理的意思。

「善男子，此三法門，皆是圓覺親近隨順，十方如來因此成佛。十方菩薩種種方便，一切同異，皆依如是三種事業，若得圓證，即成圓覺。

【譯文】

「善男子，這三個法門，隨順修習都能直證圓覺，十方如來都是因此而成佛。十方菩薩種種或同

或異的方便法門都以這三個法門為本，如果能圓融修證，就能成就圓滿覺行。

「善男子，假使有人修於聖道，教化成就百千萬億阿羅漢辟支佛果❶，不如有人聞此圓覺無礙法門，一剎那頃隨順修習。」

【譯文】

「善男子，如果有人修行二乘聖道，又能教化成就百千萬億人證得阿羅漢、辟支佛果，不如有人聽聞此圓覺無礙法門，一剎那就能隨順修習，轉為成佛正因。」

【注釋】

❶阿羅漢：聲聞乘中的最高果位名，含有殺賊、無生、應供等義。殺賊是殺盡煩惱之賊，無生是解脫生死不受後有，應供是應受天上人間的供養。辟支佛：「辟支迦佛陀」的簡稱，譯為「緣覺」，或「獨覺」。

爾時，世尊欲重宣此義而說偈言：

威德汝當知，無上大覺心，
本際無二相，隨順諸方便，其數即無量。
如來總開示，便有三種類。
寂靜奢摩他，如鏡照諸像。
如幻三摩提，如苗漸增長。
禪那唯寂滅，如彼器中鍠。
三種妙法門，皆是覺隨順。
十方諸如來，及諸大菩薩，因此得成道。
三事圓證故，名究竟涅槃。

【譯文】

當時，世尊為了重新闡述這個真義，於是說偈語：

威德汝當知，無上大覺心，
本際無二相，隨順諸方便，其數即無量。
如來總開示，便有三種類。

寂靜奢摩他，如鏡照諸像。
如幻三摩提，如苗漸增長。
禪那唯寂滅，如彼器中鍠。
三種妙法門，皆是覺隨順。
十方諸如來，及諸大菩薩，因此得成道。
三事圓證故，名究竟涅槃。

八、辯音菩薩

本章節為辯音菩薩（又作「辨音菩薩」）所請教的問題，以及佛陀的回答。主要說明依於上文的三種法門，衍生出的具體修習方法，即三種法門的變化離合、輪替修習。

於是辯音菩薩，在大眾中，即從座起，頂禮佛足，右繞三匝，長跪叉手，而白佛言：「大悲世尊，如是法門，甚為希有。世尊，此諸方便，一切菩薩於圓覺門，有幾修習？願為大眾及末世眾生，方便開示，今悟實相。」

作是語已，五體投地，如是三請，終而復始。

【譯文】

於是辯音菩薩在大眾中離座而起，用最尊貴的禮儀，以頂禮禮敬佛足，然後起立右轉，繞佛三圈，又長跪在佛前雙手合掌，對佛稟告道：「大悲世尊，這些法門非常稀有少見。世尊，依據這些法門，一切菩薩要修成圓覺，有哪些修習方法？願您為大眾及末世眾生方便開導，使我們能夠了悟諸法的真實相狀。」

辯音菩薩說完後，再次五體投地向佛祖致禮，循環往復，這樣連續請求三次。

爾時，世尊告辯音菩薩言：「善哉！善哉！善男子，汝等乃能為諸大眾及末世眾生，問於如來如是修習。汝今諦聽，當為汝說。」

時，辯音菩薩奉教歡喜，及諸大眾默然而聽。

【譯文】

那時，世尊對辯音菩薩說：「善哉！善哉！善男子，你能為諸菩薩眾及末世眾生，問如來的這些修行的方便法門。現在你就仔細地聽，我為你解說。」

當時，辯音菩薩以能接受佛的教導而心生歡喜，和其他參加法會的大眾安靜地聽佛說法。

「善男子，一切如來圓覺清淨，本無修習及修習者。一切菩薩及末世眾生，依於未覺幻力修習，爾時便有二十五種清淨定輪❶。

【譯文】

「善男子，一切如來的圓滿覺性清淨，根本沒有修習方法和修習的人。一切菩薩以及末世眾生依從沒有覺悟時虛幻的修習功用，這樣便有了二十五種輪替修習定心的修習類型。

【注釋】

❶清淨定輪：文中的三種法門通稱為「定」，變化離合，輪替修習，故稱「定輪」。又，輪是摧碾義，定是決定義，二十五種皆決定可摧斷二障，以趨於菩提、涅槃的果地，故稱「清淨定輪」。

「若諸菩薩唯取極靜❶，由靜力故，永斷煩惱，究竟成就，不起於座，便入涅槃。此菩薩者，名單修奢摩他。

【譯文】

「如果菩薩們只取至極的靜慮法門，因為靜慮的功用能斷除煩惱，即能獲得最高成就，不起身離座就能證入涅槃境界。這種菩薩的修行類型，叫做單修『奢摩他』。

【注釋】

❶ 極靜：至極的靜慮。

「若諸菩薩唯觀如幻，以佛力故，變化世界，種種作用，備行菩薩清淨妙行。於陀羅尼，不失寂念及諸靜慧。此菩薩者，名單修三摩鉢提。

【譯文】

「如果菩薩們只是觀見諸法如幻，能依靠佛力自在變化世界，起種種作用，廣修菩薩清淨殊妙行法。於圓覺總持法門，也不失令念慮寂靜的禪定功夫以及獲得寂靜智慧的修止功夫。這種菩薩的修行類型，叫做單修『三摩鉢提』。

「若諸菩薩唯滅諸幻，不取作用，獨斷煩惱。煩惱斷盡，便證實相。此菩薩者，名單修禪那。

【譯文】「如果菩薩們只是滅除一切無明幻法，又不執取種種變化作用，能以寂滅之性而自斷煩惱。等到煩惱斷盡，證入圓覺真心，就能了知真如實相。這種菩薩的修行類型，叫做單修『禪那』。

「若諸菩薩先取至靜，以靜慧心照諸幻者，便於是中起菩薩行❶。此菩薩者，名先修奢摩他，後修三摩缽提。

【譯文】「如果菩薩們先取至極的靜慮法門，以靜慮生出的智慧心觀照種種虛幻相狀，便從這裡始起菩薩行。這種菩薩的修行類型，叫做先修『奢摩他』，後修『三摩缽提』。

【注釋】

❶菩薩行：菩薩自利利他圓滿佛果的大行，也就是布施等之「六度」。

「若諸菩薩以靜慧故，證至靜性，便斷煩惱，永出生死。此菩薩者，名先修奢摩他，後修禪那。

【譯文】

「如果菩薩們以定靜中生起的智慧，證入圓覺心的靜性，便能斷滅煩惱，逃出生死輪迴。這種菩薩的修行類型，叫做先修『奢摩他』，後修『禪那』。

「若諸菩薩以寂靜慧，復現幻力，種種變化度諸眾生，後斷煩惱而入寂滅。此菩薩者，名先修奢摩他，中修三摩缽提，後修禪那。

【譯文】

「如果菩薩們以寂靜中生出的智慧又示現幻化的功用，借用種種變化教化濟度眾生，最終斷滅煩惱而進入寂滅涅槃境界。這種菩薩的修行類型，叫做先修『奢摩他』，中修『三摩缽提』，後修『禪那』。

「若諸菩薩以至靜力，斷煩惱已，後起菩薩清淨妙行，度諸眾生。此菩薩者，名先修奢摩他，中修禪那，後修三摩缽提。

【譯文】

「如果菩薩們用定靜的功用斷除煩惱後，再生起菩薩清淨殊妙行法，化度眾生。這種菩薩的修行類型，叫做先修『奢摩他』，中修『禪那』，後修『三摩缽提』。

「若諸菩薩以至靜力，心斷煩惱，復度眾生，建立世界。此菩薩者，名先修奢摩他，齊修三摩缽提、禪那。

【譯文】

「如果菩薩們用定靜的功用，在決心斷滅煩惱時，同時化度眾生，並建立世界。這種菩薩的修行類型，叫做先修『奢摩他』，齊修『三摩缽提』、『禪那』。

「若諸菩薩以至靜力，資發變化，後斷煩惱。此菩薩者，名齊修奢摩他、三摩缽提，後修禪那。

【譯文】

「如果菩薩們用定靜的功用，發起修觀的變化作用，然後進入禪定斷滅煩惱。這種菩薩的修行類型，叫做齊修『奢摩他』、『三摩缽提』，後修『禪那』。

「若諸菩薩以至靜力，用資寂滅，後起作用，變化世界。此菩薩者，名齊修奢摩他、禪那，後修三摩缽提。

【譯文】

「如果菩薩們用定靜的功用來斷煩惱而取寂滅，後起種種作用，變化世界。這種菩薩的修行類型，叫做齊修『奢摩他』、『禪那』，後修『三摩鉢提』。

「若諸菩薩以變化力，種種隨順而取至靜。此菩薩者，名先修三摩鉢提，後修奢摩他。

【譯文】

「如果菩薩們以修觀所成就的變化力，隨順種種妙行而取修止念所得的至極靜慮。這種菩薩的修行類型，叫做先修『三摩鉢提』，後修『奢摩他』。

「若諸菩薩以變化力，種種境界而取寂滅。此菩薩者，名先修三摩鉢提，後修禪那。

【譯文】

「如果菩薩們以修觀所成就的變化力，起種種如幻境界，進而自斷煩惱，取禪定的寂滅境界。這

種菩薩的修行類型，叫做先修『三摩缽提』，後修『禪那』。

「若諸菩薩以變化力，而作佛事，安住寂靜，而斷煩惱。此菩薩者，名先修三摩缽提，中修奢摩他，後修禪那。

【譯文】

「如果菩薩們以修觀所成就的變化力，而作佛事教化眾生，安住寂靜，斷除煩惱。這種菩薩的修行類型，叫做先修『三摩缽提』，中修『奢摩他』，後修『禪那』。

「若諸菩薩以變化力，無礙作用，斷煩惱故，安住至靜。此菩薩者，名先修三摩缽提，中修禪那，後修奢摩他。

【譯文】

「如果菩薩們以修觀所成就的變化力，起圓融無礙的作用，後又斷除煩惱，再修止念而安住寂

靜。這種菩薩的修行類型，叫做先修『三摩缽提』，中修『禪那』，後修『奢摩他』。

「若諸菩薩以變化力，方便作用，至靜寂滅二俱隨順。此菩薩者，名先修三摩缽提，齊修奢摩他、禪那。

【譯文】

「如果菩薩們以修觀所成就的變化力，用種種方便化度眾生，又同時隨順修習止念的至靜和禪定的寂滅。這種菩薩的修行類型，叫做先修『三摩缽提』，齊修『奢摩他』、『禪那』。

「若諸菩薩以變化力，種種起用，資於至靜，後斷煩惱。此菩薩者，名齊修三摩缽提、奢摩他，後修禪那。

【譯文】

「如果菩薩們以修觀成就的變化力，所起種種作用，資助於修習止念法門的至靜，最後斷除煩

惱。這種菩薩的修行類型，叫做齊修『三摩缽提』、『奢摩他』，後修『禪那』。

「若諸菩薩以變化力，資於寂滅，後住清淨無作靜慮。此菩薩者，名齊修三摩缽提、禪那，後修奢摩他。

【譯文】

「如果菩薩們以修觀成就的變化力，資助於禪定寂滅，最後住於清淨的無須造作修習的清淨靜慮境界。這種菩薩的修行類型，叫做齊修『三摩缽提』、『禪那』，後修『奢摩他』。

「若諸菩薩以寂滅力，而起至靜，住於清淨。此菩薩者，名先修禪那，後修奢摩他。

【譯文】

「如果菩薩們以禪定的寂滅功用，而生起至極的靜慮，住於清淨境界。這種菩薩的修行類型，叫做先修『禪那』，後修『奢摩他』。

「若諸菩薩以寂滅力，而起作用，於一切境寂用隨順。此菩薩者，名先修禪那，後修三摩鉢提。

【譯文】

「如果菩薩們以禪定的寂滅功用，而起教化眾生的作用，一切境界中都有寂滅的功用隨順。這種菩薩的修行類型，叫做先修『禪那』，後修『三摩鉢提』。

「若諸菩薩以寂滅力，種種自性，安於靜慮，而起變化。此菩薩者，名先修禪那，中修奢摩他，後修三摩鉢提。

【譯文】

「如果菩薩們以禪定的寂滅功用，隨順眾生種種自性教化眾，先止念安於靜慮，而後起種種變化教化眾生。這種菩薩的修行類型，叫做先修『禪那』，中修『奢摩他』，後修『三摩鉢提』。

「若諸菩薩以寂滅力，無作自性，起於作用，清淨境界歸於靜慮。此菩薩者，名先修禪那，中修三摩缽提，後修奢摩他。

【譯文】

「如果菩薩們以禪定的寂滅功用，證得不假造作的自性，起種種神通作用，後又依此清淨境界而歸於靜慮境界。這種菩薩的修行類型，叫做先修『禪那』，中修『三摩缽提』，後修『奢摩他』。

「若諸菩薩以寂滅力，種種清淨，而住靜慮，起於變化。此菩薩者，名先修禪那，齊修奢摩他、三摩缽提。

【譯文】

「如果菩薩們以禪定的寂滅功用，得種種無礙清淨，而住於靜慮定靜境界，同時生起種種變化來教化眾生。這種菩薩的修行類型，叫做先修『禪那』，齊修『奢摩他』、『三摩缽提』。

「若諸菩薩以寂滅力，資於至靜，而起變化。此菩薩者，名齊修禪那、奢摩他，後修三摩缽提。

【譯文】

「如果菩薩們以禪定的寂滅功用，達到至靜境界，而後起種種變化教化眾生。這種菩薩的修行類型，叫做齊修『禪那』、『奢摩他』，後修『三摩缽提』。

「若諸菩薩以寂滅力，資於變化，而起至靜清明境慧。此菩薩者，名齊修禪那、三摩缽提，後修奢摩他。

【譯文】

「如果菩薩們以禪定的寂滅功用，生起種種變化來教化眾生，而後進入至靜境界，證得清淨明朗智慧。這種菩薩的修行類型，叫做齊修『禪那』、『三摩缽提』，後修『奢摩他』。

「若諸菩薩以圓覺慧，圓合一切❶，於諸性相，無離覺性。此菩薩者，名為圓修三種自性清淨隨順❷。

【譯文】

「如果菩薩們以隨順圓覺的智慧圓滿融合一切，一切性相不離圓覺性。這種菩薩的修行類型，叫做『圓修三種自性清淨隨順』。

【注釋】

❶圓合：圓滿融合諸法。

❷三種自性：即遍計所執自性、依他起自性、圓成實自性。

「善男子，是名菩薩二十五輪，一切菩薩修行如是。若諸菩薩及末世眾生依此輪者，當持梵行，寂靜思惟，求哀懺悔。經三七日，於二十五輪各安標記，至心求哀❶，隨手結取，依結開示，便知頓漸。一念疑悔，即不成就。」

【譯文】

「善男子，這就叫做『菩薩二十五輪』，所有菩薩都是這樣修行。如果菩薩們以及末世眾生依照這二十五種類型輪替修習，應當修持清淨的行為，寂靜心念，請求哀愍，懺悔自己的惡業。經二十一天後，對二十五種修行類型各做標記，誠心請求哀愍，隨便抽取一個，依據所取的修行類型去修行，便知道自己應採用頓修還是漸修。如果心存一念懷疑和反悔，就不能有所成就。」

【注釋】

❶至心：誠摯之心，誠心。

爾時，世尊欲重宣此義而說偈言：

辯音汝當知，一切諸菩薩，
無礙清淨慧，皆依禪定生。
所謂奢摩他，三摩提禪那。
三法漸次修，有二十五種。
十方諸如來，三世修行者，

無不因此法，而得成菩提。
唯除頓覺人，并法不隨順。
一切諸菩薩，及末世眾生，
常當持此輪，隨順勤修習，
依佛大悲力，不久證涅槃。

【譯文】

當時，世尊為了重新闡述這個真義，於是說偈語：
辯音汝當知，一切諸菩薩，
無礙清淨慧，皆依禪定生。
所謂奢摩他，三摩提禪那，
三法漸次修，有二十五種。
十方諸如來，三世修行者，
無不因此法，而得成菩提。
唯除頓覺人，并法不隨順。
一切諸菩薩，及末世眾生，

常當持此輪，隨順勤修習，
依佛大悲力，不久證涅槃。

九、淨諸業障菩薩

本章節為淨諸業障菩薩所請教的問題，以及佛陀的回答。重在宣示有礙修行的自心病障。圓覺本性原本清淨，但由於眾生妄執我、人、眾生、壽命四相，並認為四相為實有，生起造作妄業，進而流轉生死，不能證入圓覺境界。

於是淨諸業障菩薩在大眾中，即從座起，頂禮佛足，右繞三匝，長跪叉手而白佛言：「大悲世尊，為我等輩演說如是不思議事，一切如來因地行相❶，令諸大眾得未曾有。覩見調御，歷恆沙劫勤苦境界，一切功用，猶如一念，我等菩薩深自慶慰。世尊，若此覺心本性清淨，因何染污，使諸眾生迷悶不入？唯願如來廣為我等開悟法性，令此大眾及末世眾生，

作將來眼。」

作是語已，五體投地，如是三請，終而復始。

【譯文】

於是淨諸業障菩薩在大眾中離座而起，用最尊貴的禮儀，以頂禮禮敬佛足，然後起立右轉，繞佛三圈，又長跪在佛前雙手合掌，對佛稟告道：「大悲世尊，您為我們演說如此不可思議的妙理，一切如來因地學佛的修行法門，使我們獲得未曾有過的知識。好像看見佛歷經長久時間的勤苦修行，令我們一念之間了知一切功用，我們這些菩薩深感慶幸欣慰。世尊，如果覺心本性清淨，為什麼會被污染，致使眾生迷悶不能證入？只希望您廣為我們開示法性，使我們大家以及末世眾生能作為將來修習佛法的眼目。」

淨諸業障菩薩說完後，再次五體投地向佛祖致禮，循環往復，這樣連續請求三次。

【注釋】

❶ 行相：行事的相狀。

爾時，世尊告淨諸業障菩薩言：「善哉！善哉！善男子，汝等乃能為諸大眾及末世眾生，諮問如來如是方便。汝今諦聽，當為汝說。」

時，淨諸業障菩薩奉教歡喜，及諸大眾默然而聽。

【譯文】

那時，世尊對淨諸業障菩薩說：「善哉！善哉！善男子，你能為諸菩薩眾以及末世眾生，問如來的這些方便法門。現在你就仔細地聽，我為你解說。」

當時，淨諸業障菩薩以能接受佛的教導而心生歡喜，和其他參加法會的大眾安靜地聽佛說法。

「善男子，一切眾生從無始來，妄想執有我、人、眾生及與壽命。認四顛倒為實我體❶，由此便生憎愛二境，於虛妄體重執虛妄。二妄相依，生妄業道。有妄業故，妄見流轉。厭流轉者，妄見涅槃。由此不能入清淨覺，非覺違拒諸能入者。有諸能入，非覺入故。是故動念及與息念，皆歸迷悶。

【譯文】

「善男子，一切眾生從無始以來，就虛妄地執著自我相、他人相、眾生相和壽命相。認為『四顛倒』是實在自我的本體，由此便生出憎恨、貪愛，於虛妄的我執之上更加有虛妄的憎愛。這兩種虛妄相依，便產生了虛妄的業道。因為有虛妄的業道，就會虛妄地認為有六道的生死流轉。厭惡流轉的人，就會虛妄地認為有涅槃境界。因此不能證入清淨本覺，這並不是覺性違拒能證入的人。能證入的人也不是覺性使他證入的。所以起心動念以及止息心念都歸於迷悶。

【注釋】

❶ 四顛倒：凡夫的四顛倒為，常顛倒（無常認為有常）、樂顛倒（苦當作樂）、淨顛倒（不淨為淨）、我顛倒（無我認為有我）。另有二乘的四顛倒，即無常顛倒、無樂顛倒、無我顛倒、無淨顛倒。

「何以故？由有無始本起無明，為己主宰，一切眾生生無慧目❶，身心等性皆是無明。譬如有人不自斷命。是故當知，有愛我者，我與隨順；非隨順者，便生憎怨。為憎愛心養無明故，相續求道，皆不成就。

【譯文】

「為什麼呢？因為有不知何時產生的無明做了自己的主宰。一切眾生沒有生來就有慧目，身心自性也都是無明的。比如人不會自己了斷自己的生命。由此得知，有愛我的人，我就隨順他們；不隨順我的，便生起憎惡怨恨。因為憎愛心能滋養無明，如果憎愛與無明相續不斷，雖然修行求道，也不能成就。

【注釋】

❶ 慧目：智慧的眼目。

「善男子，云何我相❶？謂諸眾生心所證者。善男子，譬如有人，百骸調適❷，忽忘我身，四肢弦緩❸，攝養乖方❹，微加鍼艾❺，即知有我，是故證取方現我體。善男子，其心乃至證於如來，畢竟了知清淨涅槃，皆是我相。

【譯文】

「善男子，什麼是我相？是指眾生心所證知了別的善男子，比如有人全身協調，忘記了自身的存

在，如果四肢麻木，調養失當，稍加針刺或艾灸，就會知道有我，所以，只有了知證取時才能感到我的身體。善男子，修道者的心證至諸佛境界，了知清淨涅槃，其所證取，也都是我相。

【注釋】

❶我相：即在五蘊法中執著有一個實在的我。

❷百骸：指人的各種骨骼或全身。

❸弦緩：軟弱麻木。

❹乖方：失當。

❺鍼艾：「鍼」同「針」。即針刺艾灸。

「善男子，云何人相❶？謂諸眾生心悟證者。善男子，悟有我者，不復認我，所悟非我，悟亦如是。悟已超過一切證者，悉為人相。善男子，其心乃至圓悟涅槃，俱是我者；心存少悟，備殫證理，皆名人相。

【譯文】

「善男子，什麼是人相？是指眾生心中悟到有能證知的心。善男子，悟到有我相存在，但不認為是我相的，或所悟到是我相之外的，都是執著於所悟。超過一切證者本身的能證之智都是人相。善男子，乃至心圓滿悟到涅槃境界，然而有涅槃可證，這還是『我相』；如果還有些微能悟之心，殫盡其修行過程中所證之理，還是分別有『我』，這一類的『我』，都稱為人相。

【注釋】

❶人相：因為執著有實在的我，站在我的立場，就稱他人為人。

「善男子，云何眾生相❶？謂諸眾生心自證悟所不及者。善男子，譬如有人作如是言，我是眾生，則知彼人說眾生者，非我非彼。云何非我？我是眾生，則非是我。云何非彼？我是眾生，非彼我故。善男子，但諸眾生了證了悟，皆為我人，而我人相所不及者，存有所了，名眾生相。

【譯文】

「善男子，什麼是眾生相？是指我的自心無法證知的眾生能知的自心。善男子，比如有人說這樣的話，我是『眾生』，則知道他所說的『眾生』，既不是指自己也不是指別人。為什麼不是指自己？我是『眾生』，所以『眾生』不是專指自己的我。為什麼說不是別人？只說我是『眾生』，所以『眾生』不是他人的我。善男子，眾生了知所證都是我相，了知所悟都是人相，在我相、人相之外，還認為有能了悟的心，都稱為眾生相。

【注釋】

❶ 眾生相：與我對待的眾生不止一個，所有人及非人的差別相，是為「眾生相」。

「善男子，云何壽命相❶？謂諸眾生心照清淨覺所了者。一切業智所不自見，猶如命根。

【譯文】

「善男子，什麼是壽命相？是指眾生心已得清淨圓滿，能覺察所了知的對象，這是執著了壽命相。在一切業智中不能照見自己的生滅，就像不知道是命根在維持生存。

【注釋】

❶壽命相：是指眾心存有能覺證的「知」，潛藏心中，如同心識的命根，稱為「壽命相」。

「善男子，若心照見一切覺者，皆為塵垢。覺所覺者，不離塵故。如湯銷冰，無別有冰知冰銷者。存我覺我，亦復如是。

【譯文】

「善男子，心照見一切法而認為其有知覺，實則都是塵垢。能覺知的心和所覺知的法都不離妄心塵垢。就像用熱水銷溶冰，冰融化後，不會存有些微的冰以了知冰的銷溶。存有些微我相以覺知其餘我相的斷除，就不是真的淨心。存在的我與覺知的我之間也是同樣的道理。

「善男子，末世眾生不了四相，雖經多劫勤苦修道，但名有為，終不能成一切聖果，是故名為正法末世❶。

【譯文】

「善男子，末世眾生不能了知我、人、眾生、壽命四相，雖經長時間勤苦修道，但還是有為造作，不能成就聖果，所以稱為正法的末世時期。

【注釋】

❶正法末世：正法的末世時期。佛法共分為三個時期，即正法時期、像法時期、末法時期。正法時期，正即證，佛雖滅度，法儀未改，稱「正法時期」；像法時期，像即似，這一時期有教、有行，但證果的人已經很少；末法時期，末即微，這一時期只有教而無行，更無證果之人。

「何以故？認一切我為涅槃故，有證有悟名成就故。譬如有人認賊為子，其家財寶終不成就。

【譯文】

「為什麼呢？因為妄認一切我相能入涅槃，因為認為有證有覺悟可以去成就。比如有人，認賊為兒子，那麼他家裡的財寶就會被損敗。

「何以故？有我愛者❶，亦愛涅槃，伏我愛根為涅槃相。有憎我者，亦憎生死，不知愛者真生死故，別憎生死名不解脫。

【譯文】

「為什麼呢？執愛自我的人，也以此心而愛涅槃，以為俘滅我愛就是涅槃。有憎我心，也就憎惡生死輪迴，但不知愛才是生死輪迴的根源，而只是憎惡生死，這就叫做不解脫。

【注釋】

❶我愛：愛著自己所妄執的我。

「云何當知法不解脫？善男子，彼末世眾生習菩提者，以己微證為自清淨，猶未能盡我相根本。若復有人讚歎彼法，即生歡喜，便欲濟度。若復誹謗彼所得者，便生瞋恨，則知我相堅固執持❶，潛伏藏識❷，遊戲諸根，曾不間斷。善男子，彼修道者不除我相，是故不能入清淨覺。

【譯文】

「怎麼知道所證的法不解脫？善男子，那些修習菩提智慧的末世眾生，以為自己微少的證悟就是清淨，這實則還沒有斷盡我相的根本。如果有人讚歎他所修法門，就心生歡喜，便想救濟化度別人。如果有人誹謗他所證得的境界，便會心生憤怒怨恨，由此則知他仍堅固地執持『我相』，並且這種『我相』潛伏在藏識中，與六根交相作用，未曾間斷過。善男子，那些修道者不斷除『我相』，所以不能證入清淨的圓滿覺悟。

【注釋】

❶ 執持：堅持不變，

❷ 藏識：含藏一切善惡種子的識，即阿賴耶識。

「善男子，若知我空，無毀我者；有我說法，我未斷故。眾生壽命，亦復如是。

【譯文】

「善男子，修道者如果知道『無我』，我是空的，就不見有誹謗我的人。如果還存在我宣說佛

法，則我相還沒有斷除。眾生相、壽命相也可這樣辨明。

「善男子，末世眾生說病為法，是故名為可憐愍者。雖勤精進❶，增益諸病，是故不能入清淨覺。

【譯文】

「善男子，末世眾生將錯誤的修行方法當作佛法，所以這些人是很可憐的。雖然勤奮修行，但也只能增長各種弊病，所以不能證入清淨的圓滿覺悟。

【注釋】

❶精進：又叫做「勤」，即努力向善、向上。

「善男子，末世眾生不了四相，以如來解及所行處為自修行❶，終不成就。或有眾生未得謂得，未證謂證，見勝進者心生嫉妒。由彼眾生未斷我愛，是故不能入清淨覺。

【譯文】

「善男子，末世眾生不能了知四相，以如來的知解和修行為自己的修行境界，終不能成就佛道。又有一種人未得清淨涅槃而自認為已得涅槃；未證圓覺菩提，而自認為已證圓覺菩提，見到有勝於自己而更求進步的人，其心必生嫉妒。由於這些眾生未能斷除我愛，所以不能證入清淨的圓滿覺悟。

【注釋】

❶ 解：知解義理。

「善男子，末世眾生希望成道，無令求悟，唯益多聞，增長我見。但當精勤降伏煩惱，起大勇猛，未得令得，未斷令斷，貪瞋愛慢，諂曲嫉妒❶，對境不生，彼我恩愛一切寂滅。佛說是人漸次成就，求善知識，不墮邪見。若於所求別生憎愛，則不能入清淨覺海。」

【譯文】

「善男子，末世眾生希望成就圓滿佛道，但不可使他們以為求悟只是以多增益見聞為能事。應當專心勤勉降伏煩惱，發起猛勇之心，未能證得的道果讓他證得，未能斷除的煩惱讓其斷除，貪心、瞋

心、愛心、輕慢心、諂曲心、嫉妒心能夠對境不生，對於自我和他人的恩愛都徹底滅除。佛說這樣的人漸漸能夠成就佛道，追求修行善法，不墮於不合正法的外道之見。如果對於所求的善法又生出憎愛的分別心，則就不能證入清淨圓滿的覺悟境界。」

【注釋】

❶ 諂曲：曲意逢迎。

爾時，世尊欲重宣此義而說偈言：

淨業汝當知，一切諸眾生，
皆由執我愛，無始妄流轉，
未除四種相，不得成菩提。
愛憎生於心，諂曲存諸念，
是故多迷悶，不能入覺城。
若能歸悟剎，先去貪瞋癡，
法愛不存心，漸次可成就。

我身本不有，憎愛何由生？
此人求善友，終不墮邪見。
所求別生心，究竟非成就。

【譯文】

當時，世尊為了重新闡述這個真義，於是說偈語：

淨業汝當知，一切諸眾生，
皆由執我愛，無始妄流轉，
未除四種相，不得成菩提。
愛憎生於心，諂曲存諸念，
是故多迷悶，不能入覺城。
若能歸悟剎，先去貪瞋癡，
法愛不存心，漸次可成就。
我身本不有，憎愛何由生？
此人求善友，終不墮邪見。
所求別生心，究竟非成就。

十、普覺菩薩

本章節為普覺菩薩所請教的問題，以及佛陀的回答。重在宣說尋求正知見的良師，遠離邪師，去除作、任、止、滅四病，發心破除人我相。

於是普覺菩薩在大眾中，即從座起，頂禮佛足，右繞三匝，長跪叉手，而白佛言：「大悲世尊，快說禪病❶，令諸大眾得未曾有，心意蕩然，獲大安隱❷。世尊，末世眾生去佛漸遠，賢聖隱伏，邪法增熾❸，使諸眾生求何等人，依何等法，行何等行，除去何病，云何發心，令彼群盲不墮邪見。」

作是語已，五體投地，如是三請，終而復始。

【譯文】

於是普覺菩薩在大眾中離座而起，用最尊貴的禮儀，以頂禮禮敬佛足，然後起立右轉，繞佛三圈，又長跪在佛前雙手合掌，對佛稟告道：「大悲世尊，痛快淋漓地說出了修習禪法的弊病，使大眾得知未曾明白的道理，心意也隨之坦蕩，身安心穩。世尊，末世眾生離佛的時代逐漸久遠，聖賢隱藏不出，邪法增多熾盛，此時應當讓眾生去求什麼人，遵依什麼樣的教法，修行什麼樣的行法，除卻什麼樣的弊病，發起什麼樣的誓願？能使這些沒有慧目的眾生不墮落於邪見。」

普覺菩薩說完後，再次五體投地向佛祖致禮，循環往復，這樣連續請求三次。

【注釋】

❶ 快：痛快，爽利，直截了當。禪病：指妨害禪定修行的一切妄念。妄念為禪定的病魔。

❷ 安隱：即安穩。身安心穩。

❸ 增：增長。熾：旺盛。

爾時，世尊告普覺菩薩言：「善哉！善哉！善男子，汝等乃能諮問如來如是修行，能施末世一切眾生無畏道眼，令彼眾生得成聖道。汝今諦聽，當為汝說。」

時，普覺菩薩奉教歡喜，及諸大眾默然而聽。

【譯文】

那時，世尊對普覺菩薩說：「善哉！善哉！善男子，你能詢問如來的這些修行法門，能將無畏道眼施予眾生，使這些眾生得以成就聖道。現在你就仔細地聽，我為你解說。」

當時，普覺菩薩以能接受佛的教導而心生歡喜，和其他參加法會的大眾安靜地聽佛說法。

「善男子，末世眾生將發大心❶，求善知識欲修行者，當求一切正知見人，心不住相，不著聲聞緣覺境界。雖現塵勞，心恆清淨。示有諸過，讚歎梵行，不令眾生入不律儀❷。求如是人，即得成就阿耨多羅三藐三菩提❸。

【譯文】

「善男子，末世眾生想發大乘心，尋求教導眾生修行善法的人，應當找有正確知識和見解的人，心不執著於名相，不執著於小乘境界。雖現被世俗事務所煩擾的塵勞相，但內心永遠清淨。有時雖示現有過錯，但仍然讚歎清淨的行為，不使眾生作惡止善。求得這樣的人就能成就無上正等正覺。

【注釋】

❶大心：大乘心，或大願心。

❷不律儀：惡戒，作惡止善。

❸阿耨多羅三藐三菩提：略稱「阿耨三菩提」、「阿耨菩提」等。「阿耨多羅」意譯為「無上」，指所悟之道為至高無上，「三藐三菩提」意譯為「正遍知」，表示所悟之道周遍而無所不包。因此「阿耨多羅三藐三菩提」可譯為「無上正等正覺」，乃佛陀所覺悟之智慧，是真正平等覺知一切真理的無上智慧。

「末世眾生見如是人，應當供養不惜身命。彼善知識四威儀中❶，常現清淨，乃至示現種種過患❷，心無憍慢❸，況復摶財妻子眷屬。若善男子於彼善友不起惡念，即能究竟成就正覺，心華發明，照十方剎❹。

【譯文】

「末世眾生見到這樣的人，應當不惜生命去供養他。這些善知識在行、住、坐、臥時都顯現清淨，有時也示現種種過失，但不要對其心生傲慢，更何況僅貪戀食物、錢財、妻子、眷屬。如果善男

子對這些好的教友不起絲毫惡念，最終就能成就圓滿正覺，心花散發光明，普照十方國土。

【注釋】

❶四威儀：是比丘、比丘尼所必須遵守的儀則，以保持嚴肅和莊重，具體包括行、住、坐、臥四個方面。

❷過患：過失與災患。

❸憍慢：煩惱之一，意謂傲慢，《大乘義章》卷五稱：「自舉淩物，稱曰憍慢。」《俱舍論》卷四稱：「慢對他心，憍由染自法，心高無所顧。」

❹十方剎：十方剎土，即十方國土的意思。

「善男子，彼善知識所證妙法，應離四病。云何四病？

【譯文】

「善男子，那些善知識所修證的圓覺法門，應當遠離四種弊病。這四種弊病是什麼？

「一者作病❶。若復有人作如是言，我於本心作種種行，欲求圓覺。彼圓覺性非作得故，說名為病。

【譯文】

「一是作病。如果有人這樣說，我於本心上生起種種造作行法，以此欲求圓滿覺悟。但是圓滿覺性不是由造作而得來的，所以說是弊病。

【注釋】

❶作病：即生心造作。

「二者任病❶。若復有人作如是言，我等今者不斷生死，不求涅槃，涅槃生死無起滅念，任彼一切隨諸法性，欲求圓覺。彼圓覺性非任有故，說名為病。

【譯文】

「二是任病。如果有人這樣說，我們現在不必斷除生死輪迴，不必去求涅槃境界，生死涅槃的概

念在我的心念中不會生起也沒有消滅，任由一切事物隨順本性，以此欲求圓滿覺悟。但是圓滿覺性不是由任其自然而得來的，所以說是弊病。

【注釋】

❶任病：即隨順諸法自性，任其自然。

「三者止病❶。若復有人作如是言，我今自心永息諸念，得一切性寂然平等，欲求圓覺。彼圓覺性非止合故，說名為病。

【譯文】

「三是止病。如果有人這樣說，我現在於自心上止息所有妄念，即得一切法性寂然平等，以此欲求圓滿覺悟。但是圓滿覺性不是由止息妄念而得來的，所以說是弊病。

【注釋】

❶止病：即認為止住妄念就能求真。

「四者滅病❶。若復有人作如是言，我今永斷一切煩惱，身心畢竟空無所有，何況根塵虛妄境界。一切永寂，欲求圓覺。彼圓覺性非寂相故，說名為病。

【譯文】

「四是滅病。如果有人這樣說，我現在永遠斷除一切煩惱，身心徹底地空無所有，更何況那些六根六塵等虛妄境界。一切都永遠寂滅，以此欲求圓滿覺悟。但是圓覺性不是寂滅相，所以說是弊病。

【注釋】

❶滅病：即耽住於諸法的寂滅相。

「離四病者，則知清淨。作是觀者，名為正觀，若他觀者，名為邪觀。

【譯文】

「只有遠離四種弊病，才能知道所修的法門是為清淨法門。這樣觀察所修證法才是正當的觀法，

其他觀法都是不正當的觀法。

「善男子，末世眾生欲修行者，應當盡命供養善友，事善知識。彼善知識欲來親近，應斷憍慢，若復遠離，應斷瞋恨。現逆順境，猶如虛空。了知身心畢竟平等，與諸眾生同體無異。如是修行，方入圓覺。

【譯文】

「善男子，末世眾生要修行的人，應當竭盡全力供養善友，服侍善知識。那些善知識要來親近你，你應當斷除驕慢。如果他們又遠離你了，你還應當斷除氣憤怨恨。逆順境都如同虛空。了知身心都畢竟平等，與眾生的本體一樣。這樣修行才能證得圓滿覺悟。

「善男子，末世眾生不得成道，由有無始自他憎愛一切種子，故未解脫。若復有人觀彼怨家，如己父母，心無有二，即除諸病。於諸法中自他憎愛，亦復如是。

【譯文】

「善男子，末世眾生之所以不能成就佛道，是由於無始以來心中都潛藏著對自己和他人憎愛的種子，所以未能解脫。如果有人將自己的冤家視同自己的父母一樣，心中沒有不一樣的態度，那麼他就可以除去心中的種種病患。對於萬物中事物的自他、憎愛，也是以這樣的方法認識。

「善男子，末世眾生欲求圓覺，應當發心作如是言，盡於虛空一切眾生，我皆令入究竟圓覺，於圓覺中無取覺者，除彼我人一切諸相。如是發心，不墮邪見。」

【譯文】

「善男子，末世眾生要求得圓滿覺悟，應該發願並這樣說，在無邊虛空中的一切眾生，我都讓他們證入究竟的圓滿覺悟境界，但在圓覺中並沒有可取的覺法，已經完全斷除我相、人相以及一切相。這樣發願，就不會墮於錯誤惡劣的知見。」

爾時，世尊欲重宣此義而說偈言：

普覺汝當知，末世諸眾生，
欲求善知識，應當求正見。
心遠二乘者，法中除四病，謂作止任滅。
親近無驕慢，遠離無瞋恨。
見種種境界，心當生希有，還如佛出世。
不犯非律儀，戒根永清淨。
度一切眾生，究竟入圓覺，
無彼我人相，當依正智慧，
便得超邪見，證覺般涅槃。

【譯文】

當時，世尊為了重新闡述這個真義，於是說偈語：

普覺汝當知，末世諸眾生，
欲求善知識，應當求正見。
心遠二乘者，法中除四病，謂作止任滅。
親近無驕慢，遠離無瞋恨。

見種種境界，心當生希有，還如佛出世。
不犯非律儀，戒根永清淨。
度一切眾生，究竟入圓覺，
無彼我人相，當依正智慧，
便得超邪見，證覺般涅槃。

十一、圓覺菩薩

本章節為圓覺菩薩所請教的問題，以及佛陀的回答。開示修行的入手方便法門，詳細說明了安居方法，以及禪定等三種修行觀法的方便法門和所證境界。

於是圓覺菩薩在大眾中，即從座起，頂禮佛足，右繞三匝，長跪叉手而白佛言：「大悲世尊，為我等輩廣說淨覺種種方便，令末世眾生有大增益。世尊，我等今者已得開悟，若佛滅後，末世眾生未得悟者，云何安居修此圓覺清淨境界❶？此圓覺中三種淨觀❷，以何為首？唯願大悲，為諸大眾及末世眾生施大饒益❸。」

作是語已，五體投地，如是三請，終而復始。

【譯文】

於是圓覺菩薩在大眾中離座而起，以頂禮禮敬佛足，然後起立右轉，繞佛三圈，又長跪在佛前雙手合掌，對佛稟告道：「大悲世尊，為我們宣說清淨覺悟的種種方便法門，使末世眾生獲得極大利益。世尊，我們現在已經得以開悟，如果佛入滅後，末世眾生未能得以開悟的人，應該如何建設道場，安置淨居來修習這個圓滿覺悟的清淨境界？修證圓覺境界的三種清淨觀法，應該以哪個法門為首？只希望大慈大悲的世尊，為參加法會的大眾以及末世眾生布施豐饒的利益。」

圓覺菩薩說完後，再次五體投地向佛祖致禮，循環往復，這樣連續請求三次。

【注釋】

❶安居：又稱「坐夏」，即在夏季的三個月中，僧徒們不得隨便外出，以致力於坐禪和修習佛法。

❷淨觀：清淨的觀法。此處指奢摩他（止）、三摩缽提（等持，即定）、禪那（禪定）。

❸饒益：豐足利人，給人豐饒的利益。

爾時，世尊告圓覺菩薩言：「善哉！善哉！善男子，汝等乃能問於如來如是方便，以大饒益施諸眾生。汝今諦聽，當為汝說。」

時，圓覺菩薩奉教歡喜，及諸大眾默然而聽。

【譯文】

那時，世尊對普覺菩薩說：「善哉！善哉！善男子，你能向如來詢問這些方便法門，以便將豐饒的利益布施給眾生。現在你就仔細地聽，我為你解說。」

當時，圓覺菩薩以能接受佛的教導而心生歡喜，和其他參加法會的大眾安靜地聽佛說法。

「善男子，一切眾生，若佛住世，若佛滅後，若法末時，有諸眾生具大乘性，信佛祕密大圓覺心。欲修行者，若在伽藍❶，安處徒眾，有緣事故隨分思察❷，如我已說。若復無有他事因緣，即建道場，當立期限。若立長期百二十日，中期百日，下期八十日，安置淨居。

【譯文】

「善男子，一切眾生，無論佛陀在世，還是滅度，或者佛法的末法時期，都有一類眾生具有大乘根性，深信佛的秘密大圓滿覺心。而這些想要修行的人，如果在寺院裡，有安置信徒等雜事影響修行，因為這樣的因果關係，所以應當隨自己能力大小思維體察各種法門，如同我已經講過的。如果沒

有其他雜事因緣，就應建修行的道場，設定修行期限，長期一百二十天，中期一百天，短期八十天，安心地居住在清淨居所。

【注釋】

❶伽藍：「僧伽藍摩」的簡稱，譯為「眾園」，即僧眾所居住的園庭，亦即寺院的通稱。

❷緣事：因果報應的事相。隨分：隨力量的大小。

「若佛現在，當正思惟。若佛滅後，施設形像，心存目想，生正憶念，還同如來常住之日。懸諸幡華❶，經三七日，稽首十方諸佛名字，求哀懺悔。遇善境界，得心輕安，過三七日，一向攝念。

【譯文】

「佛現今在世，就應當正念思維。如果佛滅度後，就應當設置佛的形像，對佛心存目想，銘記不忘，如同佛在世常住時一樣。懸掛幡和鮮花，經過二十一天的禮佛懺悔，求佛哀愍我的懺悔心。遇到好的境界，身心輕鬆安詳，經過二十一天之後，一直保持正念。

【注釋】

❶幡華：幡和鮮花。幡，即旌旗的總稱。

「若經夏首，三月安居，當為清淨菩薩止住，心離聲聞，不假徒眾。至安居日，即於佛前作如是言：我比丘、比丘尼、優婆塞、優婆夷——某甲，踞菩薩乘，修寂滅行，同入清淨實相住持，以大圓覺為我伽藍，身心安居平等性智❶，涅槃自性無繫屬故。今我敬請，不依聲聞，當與十方如來及大菩薩三月安居，為修菩薩無上妙覺大因緣故，不繫徒眾。善男子，此名菩薩示現安居。過三期日，隨往無礙。

【譯文】

「到了初夏，安居三個月，應當按照清淨的菩薩教法而安居，心離聲聞小乘法，不依靠徒眾。到了開始安居那天，即在佛前說這樣的話：我是比丘、比丘尼、優婆塞、優婆夷某某，遵依菩薩乘，修習寂滅法行，同入清淨佛性真如境界，大圓覺性是我修行證果的處所，身心安居於平等圓滿的覺性智慧，這是因為圓滿的清淨自性沒有任何牽繫。現在我恭敬地請求，不依據聲聞乘教法，與十方如來以及大菩薩同作三月安居的行法，為了修證菩薩無上圓妙覺性的原因，不牽繫徒眾。善男子，這叫做菩

薩示現安居。過了三期中自立的期限後，就可以隨意到任何地方，沒有障礙了。

【注釋】

❶平等性智：證自他平等之理而得的智慧。

「善男子，若彼末世修行眾生，求菩薩道入三期者❶，非彼所聞一切境界，終不可取。

【譯文】

「善男子，如果末世修行的眾生，求菩薩道而按照三期法修行的人，如果不是依據佛教導的修行方法而得到的境界，都不可取。

【注釋】

❶菩薩道：菩薩所修的道法，即自利利他的道法。

「善男子，若諸眾生修奢摩他，先取至靜，不起思念，靜極便覺，如是初靜，從於一身至一世界，覺亦如是。

【譯文】

「善男子，如果眾生修習奢摩他，要先取至靜，心中不生起念想，靜到極處便產生覺悟智慧，這樣的極靜能從一身而擴展到一個世界，覺悟智慧也是同樣的道理。

「善男子，若覺遍滿一世界者，一世界中有一眾生起一念者，皆悉能知，百千世界亦復如是。非彼所聞一切境界，終不可取。

【譯文】

「善男子，如果覺悟智慧遍滿一個世界，那麼一個世界中有一個人生起一個念頭，就都能覺知，百千個世界也是同樣的道理。如果不是依據佛教導的修行方法而得到的境界，都不可取。

「善男子，若諸眾生修三摩鉢提，先當憶想十方如來，十方世界一切菩薩，依種種門，漸次修行勤苦三昧❶，廣發大願，自熏成種。非彼所聞一切境界，終不可取。

【譯文】

「善男子，如果眾生修習三摩鉢提，應當專心念想十方如來和十方世界一切菩薩，依據種種法門，逐漸次序勤苦修定，廣發大的誓願，自己熏習自心成為根性種子。如果不是依據佛教導的修行方法而得到的境界，都不可取。

【注釋】

❶三昧：譯為「定」，是定心於一處的意思。修行的人六根接觸外面的六塵境界時，若能做到不起心、不動念、不分別、不執著，就叫做「定」。

「善男子，若諸眾生修於禪那，先取數門❶，心中了知生、住、滅、念，分劑頭數。如是周遍四威儀中，分別念數，無不了知，漸次增進，乃至得知百千世界一滴之雨，猶如目覩所受用物。非彼所聞一切境界，終不可取。

【譯文】

「善知識，如果眾生修習禪那，先從數息入手，心中就會了知生、住、滅，以及其始末長短，多少頭數。在行、住、坐、臥的四威儀中，對於自己心念的分別狀態和心念的次數，無不明白知曉。這樣逐漸進步，乃至於能夠知道百千世界中的一滴雨，好像親眼目睹自己所用的東西。如果不是依據佛教導的修行方法而得到的境界，都不可取。

【注釋】

❶ 數門：「數息門」的簡稱。即數息觀，數出入之息，停止心想散亂的觀法。

「是名三觀初首方便。若諸眾生遍修三種，勤行精進，即名如來出現於世。若後末世鈍根眾生，心欲求道，不得成就，由昔業障，當勤懺悔。常起希望，先斷憎愛嫉妒諂曲，求勝上心。三種淨觀隨學一事，此觀不得，復習彼觀，心不放捨，漸次求證。」

【譯文】

「以上這些就是三種清淨觀法初入手的方便法門。如果眾生能全面修習三種清淨觀法，勤奮踐行

努力上進，就好像是佛出現一樣。如果後世的愚鈍眾生，心想求道，但不能取得成就，這是由於以前所做的惡業障礙，應當經常懺悔。要常常生起希望，先斷除憎、愛、嫉妒、諂曲的心念，求勝進增上的心。隨便修習三種清淨觀法中的一種，這個觀法不能成功，就再修習其他觀法，心不放棄，逐漸求證。」

爾時，世尊欲重宣此義而說偈言：

圓覺汝當知，一切諸眾生，
欲求無上道，先當結三期，懺悔無始業。
經於三七日，然後正思惟。
非彼所聞境，畢竟不可取。
奢摩他至靜，三摩正憶持。
禪那明數門，是名三淨觀。
若能勤修習，是名佛出世。
鈍根未成者，常當勤心懺，無始一切罪。
諸障若消滅，佛境便現前。

【譯文】

當時，世尊為了重新闡述這個真義，於是說偈語：

圓覺汝當知，一切諸眾生，
欲求無上道，先當結三期，懺悔無始業。
經於三七日，然後正思惟。
非彼所聞境，畢竟不可取。
奢摩他至靜，三摩正憶持。
禪那明數門，是名三淨觀。
若能勤修習，是名佛出世。
鈍根未成者，常當勤心懺，無始一切罪。
諸障若消滅，佛境便現前。

十二、賢善首菩薩

本章節前半部分為賢善首菩薩所請教的問題，以及佛陀的回答，是本經總結部分，宣說經名，信聞此經的功德利益。後半部分為本經的流通分，敘述金剛、天王、鬼王等誓願護佑持經人。

於是賢善首菩薩在大眾中，即從座起，頂禮佛足，右繞三匝，長跪叉手而白佛言：「大悲世尊，廣為我等及末世眾生，開悟如是不思議事。世尊，此大乘教，名字何等？云何奉持？眾生修習得何功德？云何使我護持經人？流布此教至於何地。」

作是語已，五體投地，如是三請，終而復始。

【譯文】

於是賢善首菩薩在大眾中離座而起，以頂禮禮敬佛足，然後起立右轉，繞佛三圈，又長跪在佛前雙手合掌，對佛稟告道：「大悲世尊，廣為我們以及末世眾生開示這些不可思議的修行方法。世尊，這種大乘教法，應該叫什麼名字？應該怎樣修持奉行？眾生修習後可以得到什麼功德？我們怎樣保護奉持這部經的人？流通這部經典到什麼地方？」

賢善首菩薩說完後，再次五體投地向佛祖致禮，循環往復，這樣連續請求三次。

爾時，世尊告賢善首菩薩言：「善哉！善哉！善男子，汝等乃能為諸菩薩及末世眾生，問於如來如是經教功德名字。汝今諦聽，當為汝說。」

時，賢善首菩薩奉教歡喜，及諸大眾默然而聽。

【譯文】

那時，世尊對賢善首菩薩說：「善哉！善哉！善男子，你能為菩薩們和末世眾生，向如來詢問這部經典教法的功德和名字。現在你就仔細地聽，我為你解說。」

當時，賢善首菩薩以能接受佛的教導而心生歡喜，和其他參加法會的大眾安靜地聽佛說法。

「善男子，是經百千萬億恆河沙諸佛所說，三世如來之所守護，十方菩薩之所歸依，十二部經清淨眼目。

【譯文】

「善男子，這部經像百千萬億恆河沙那麼多的佛所講說，過去、現在、未來這三世的佛都護持它，十方菩薩都歸投依靠它，這部經還是所有類別佛經的關鍵內容。

「是經名大方廣圓覺陀羅尼，亦名修多羅了義，亦名祕密王三昧❶，亦名如來決定境界，亦名如來藏自性差別，汝當奉持。

【譯文】

「這部經稱為『大方廣圓覺陀羅尼』，也稱為『修多羅了義』，也稱為『祕密王三昧』，也稱為『如來決定境界』，也稱為『如來藏自性差別』，你們應當奉行修持。

【注釋】

❶ 祕密王：《圓覺經》所說的行法十分祕密深奧，而又統攝萬行，故稱「祕密王」。

「善男子，是經唯顯如來境界，唯佛如來能盡宣說。若諸菩薩及末世眾生依此修行，漸次增進，至於佛地。

【譯文】

「善男子，這部經彰顯佛所證的境界，只有佛才能詳盡解說。如果菩薩們和末世眾生依據這部經修行，逐漸進步，就能達到成佛的地位。

「善男子，是經名為頓教大乘，頓機眾生從此開悟❶，亦攝漸修一切群品。譬如大海，不讓小流，乃至蚊虻及阿修羅❷，飲其水者，皆得充滿。

【譯文】

「善男子，這部經被稱為頓教大乘，具有大乘頓教根機的眾生可以通過學習這部經而開悟，也統攝一切品類的漸修法門。比如大海不排斥溪流的水。蚊虻以及阿修羅喝了它的水後，都能充滿歡喜。

【注釋】

❶ 頓機：頓大（頓教、大乘教）的根機，即聽聞頓教就能頓悟佛道的根機。

❷ 阿修羅：「六道」之一。因其有天的福而沒有天的德，似天而非天，譯為「非天」；因其容貌很醜陋，又譯作「無端」。

「善男子，假使有人純以七寶積滿三千大千世界以用布施，不如有人聞此經名及一句義。善男子，假使有人教百恆河沙眾生得阿羅漢果，不如有人宣說此經分別半偈。

【譯文】

「善男子，假如有人只是用積滿三千大千世界的七種珍寶去布施，還不如有人聽聞這部經的名字或理解其中一句經文義理。善男子，假如有人能教導像百恆河沙那麼多的眾生證得阿羅漢果，也不如有人宣講這部經，解說半偈文句。

「善男子，若復有人聞此經名，信心不惑，當知是人非於一佛二佛種諸福慧，如是乃至盡恆河沙一切佛所種諸善根，聞此經教。汝善男子，當護末世修行者，無令惡魔及諸外道惱其身心，令生退屈。」

【譯文】

「善男子，如果有人聽到這部經的名字，生起不疑惑的信心，應當知道此人得到的不是一兩個佛種下福田智慧，而是有如恆河沙般多的一切佛所種下的諸種善根的福田智慧，才能夠聽聞這部經的教法。你們這些善男子應當守護末世中這種修行的人，不要使惡魔和外道擾亂他們的身心，使他們生起退縮屈服之心。」

爾時，會中有火首金剛、摧碎金剛、尼藍婆金剛等八萬金剛❶，并其眷屬，即從座起，頂禮佛足，右繞三匝而白佛言：「世尊，若後末世一切眾生，有能持此決定大乘，我當守護，如護眼目。乃至道場所修行處，我等金剛自領徒眾，晨夕守護，令不退轉。其家乃至永無災障，疫病消滅，財寶豐足，常不乏少。」

爾時，大梵王❷，二十八天王❸，并須彌山王，護國天王等❹，即從座起，頂禮佛足，右繞三匝而白佛言：「世尊，我亦守護是持經者，常令安隱，心不退轉。」

爾時，有大力鬼王，名吉槃荼，與十萬鬼王，即從座起，頂禮佛足，右繞三匝而白佛言：「世尊，我亦守護是持經人，朝夕侍衛，令不退屈。其人所居一由旬內❺，若有鬼神侵其境界，我當使其碎如微塵。」

佛說此經已，一切菩薩天龍鬼神八部眷屬❻，及諸天王梵王等，一切大眾，聞佛所說，皆大歡喜，信受奉行。

【譯文】

當時，法會中有火首金剛、摧碎金剛、尼藍婆金剛等八萬金剛和他們的眷屬離座而起，以頂禮禮敬佛足後，右轉繞佛三圈，對佛稟告道：「世尊，如果末世 眾生中有能夠堅定持守大乘信仰的人，我們一定像保護自己的眼睛一樣守護他們。乃至他們的修行道場，我們這些金剛會各自帶領徒眾，從早到晚地守護著，使他們不退縮。他們的家永遠沒有災難，疫病消滅，財寶豐足而不缺少。」

當時，大梵王、二十八天王和須彌山王、護國天王等離座而起，以頭頂禮禮敬佛足，起來後右轉，繞佛三圈，對佛稟告道：「世尊，我們也守護那些奉持這部經的人，令他們常常身安心穩，信心不退滅。」

當時，有大力鬼王，名吉槃荼，與十萬鬼王離座而起，以頂禮禮敬佛足，起來後右轉，繞佛三圈，對佛稟告道：「世尊，我們也守護那些奉持這部經的人，朝夕侍衛，使他們不生起退縮屈服之心。他們住所方圓一由旬之內，如果有鬼神侵犯，我們就讓他們碎得像細微的灰塵。」

佛演說完了這部經，一切菩薩、天龍、鬼神等八部眾和他們的眷屬，以及各位天王、梵王等一切大眾，聽到佛所說教法，都十分高興，相信並接受如來所說的法，切實地奉承行持。

【注釋】

❶ 火首金剛：金剛以手執金剛杵而得名，意即力士，是佛或大菩薩所現武裝護法的形相。火首金剛因頭有火焰，故而得名。

❷ 大梵王：又稱「大梵天王」、「梵王」，是色界諸天的初禪天之王。

❸ 二十八天王：欲界的六天、色界的十八天以及無色界的四天的天王。

❹ 護國天王：又名「護世四天王」，即持國、增長、廣目、多聞四天王，常護持四天下。

❺ 由旬：印度計里程的單位。指一日行軍之里程，約四十里。

❻ 八部：天眾、龍眾、夜叉（勇健鬼）、乾闥婆（香神）、阿修羅（非天）、迦樓羅（金翅鳥）、緊那羅（非人）、摩睺羅迦（大蟒神或大腹行地龍）。此八部眾非人類的眼睛所能看到。又叫做「天龍八部」，或「龍神八部」。

（唐）宗密，《大方廣圓覺經大疏》，《卍新纂續藏經》第十四冊。
（明）憨山，《圓覺經直解》，《卍新纂續藏經》第十冊。
《圓覺經佚文》，《卍新纂續藏經》第一冊。
太虛，《圓覺經略釋》，《太虛大師全書》第七編（臺灣善導寺佛經流通處印行，一九八〇）。
文行，《白話圓覺經》（三秦出版社，一九九八）。
李淼、郭俊峰主編，《佛經精華》（時代文藝出版社，二〇〇一）。
梁啟超，《佛學研究十八篇》（上海古籍出版社，二〇〇一）。
南懷瑾，《南懷瑾選集》第九卷（復旦大學出版社，二〇〇三）。
廣超法師，《大方廣圓覺修多羅了義經講記》（復旦大學出版社，二〇〇九）。
《宋高僧傳》（中華書局，一九八七）。

白話佛經
圓覺經

2012年11月初版　　定價：新臺幣220元

主編	賴永海
譯注者	徐敏
發行人	林載爵

出版者	聯經出版事業股份有限公司	叢書主編	簡美玉
地址	台北市基隆路一段180號4樓		胡金倫
編輯部地址	台北市基隆路一段180號4樓	特約編輯	吳美滿
叢書主編電話	(02)87876242轉203		簡鈜慧
台北聯經書房：	台北市新生南路三段94號	封面設計	陳文德
電話：	(02)23620308	內文排版	翁國鈞
台中分公司：	台中市健行路321號		
暨門市電話：	(04)22371234ext.5		
郵政劃撥帳戶第	0100559-3號		
郵撥電話：	(02)23620308		
印刷者	文聯彩色製版印刷有限公司		
總經銷	聯合發行股份有限公司		
發行所：	新北市新店區寶橋路235巷6弄6號2樓		
電話：	(02)29178022		

行政院新聞局出版事業登記證局版臺業字第0130號

本書如有缺頁，破損，倒裝請寄回台北聯經書房更換。　ISBN 978-957-08-4085-8 (平裝)
聯經網址：www.linkingbooks.com.tw
電子信箱：linking@udngroup.com

本書中文繁體字版由中華書局（北京）授權出版

國家圖書館出版品預行編目資料

圓覺經/賴永海主編．徐敏譯注．初版．
臺北市．聯經．2012年11月（民101年）．
160面．14.8×21公分（白話佛經）
ISBN 978-957-08-4085-8（平裝）

1.經集部

221.782　　101020883